ELISABETH ENGLER

NATURKOSMETIK
AUS DEM THERMOMIX®

ÜBER 70 REZEPTE FÜR SHAMPOO, DEO, CREME UND CO.

ELISABETH ENGLER

NATURKOSMETIK
AUS DEM THERMOMIX®

ÜBER 70 REZEPTE FÜR SHAMPOO, DEO, CREME UND CO.

riva

Bibliografische Information der Deutschen Nationalbibliothek
Die Deutsche Nationalbibliothek verzeichnet diese Publikation in der Deutschen Nationalbibliografie. Detaillierte bibliografische Daten sind im Internet über https://dnb.de abrufbar.

Für Fragen und Anregungen
info@m-vg.de

Wichtige Hinweise
Sämtliche Inhalte dieses Buches wurden – auf Basis von Quellen, die die Autorin und der Verlag für vertrauenswürdig erachten – nach bestem Wissen und Gewissen recherchiert und sorgfältig geprüft. Alle Rezepte in diesem Buch wurden für den Thermomix® TM5 entwickelt und mit diesem getestet. Bitte beachten Sie: Der Mixtopf des Thermomix® TM5 ist größer als der des TM31 (Kapazität von 2,2 Litern anstatt 2,0 Liter beim TM 31). Daher dürfen aus Sicherheitsgründen die Rezepte aus diesem Buch nur dann mit dem TM31 nachgekocht werden, wenn die Mengen angepasst wurden. Achten Sie auf die Füllstandsmarkierungen und überschreiten Sie die maximale Füllmenge nicht. Der Verlag und die Autorin haften für keine nachteiligen Auswirkungen, die in einem direkten oder indirekten Zusammenhang mit den Informationen stehen, die in diesem Buch enthalten sind. Thermomix® ist ein eingetragenes Warenzeichen der Vorwerk & Co. KG. Diese Publikation ist kein offizielles Lizenzprodukt der Vorwerk & Co. KG.

Ausschließlich zum Zweck der besseren Lesbarkeit wurde auf eine genderspezifische Schreibweise sowie eine Mehrfachbezeichnung verzichtet. Alle personenbezogenen Bezeichnungen sind somit geschlechtsneutral zu verstehen.

Originalausgabe
10. Auflage 2025

Türkenstraße 89
80799 München
Tel.: 089 651285-0

Redaktion: Caroline Kazianka
Umschlaggestaltung: Laura Osswald
Umschlagabbildungen: Karl-Heinz Engler, Shutterstock: kazmulka, stockcreations, Fortyforks
Satz: inpunkt[w]o, Haiger (www.inpunktwo.de); Andreas Linnemann
Druck: Florjancic Tisk d.o.o., Slowenien
Printed in the EU

ISBN Print 978-3-86883-590-8
ISBN E-Book (EPUB, Mobi) 978-3-7453-0082-6

INHALT

Vorwort 8
Tipps für den Umgang mit dem Thermomix® 9
Grundlagen der Kosmetikherstellung 10
Wie lange ist frische Naturkosmetik haltbar? 11
Konservierungsmöglichkeiten 12
Basisöle und fette Öle 13
Raffiniert oder kalt gepresst? 17
Konsistenzgeber 18
Wo bekommt man gute ätherische Öle? 21
Vegane Alternativen 22

Gesichtsreinigung 23

Mandel-Reinigungscreme 24
Rosen-Himbeer-Reinigungsgel 26
Gerstenmilchpaste 27
Reinigungsöl mit Petersilie und Minze 28
Hautverjüngendes Zucker-Peeling 30

Hautcremes, Lotionen und Kuren für das Gesicht 31

Cupuacu-Feuchtigkeitscreme 32
Mandelölkur 33
Anti-Aging-Tagescreme 34
Feuchtigkeitsspendende Nachtcreme 35
Spitzwegerich-Propolis-Creme 36
Shea-Sahne 38
Feines Veilchenöl 39
Mandel-Hautmilch für empfindliche Haut 40
Kurkompresse für unreine Haut 41
Gurken-Mandel-Schüttellotion 42
Kaiserin Sisis Veilchenessig 43
Wildrosen-Lippenpflege 44

Gesichtswasser 45

Frühlingsblütenwasser 46
Apfelessig-Kräuter-Tonic für fettige Haut 47
Zitronenlotion für unreine Haut 48
Kräutertonikum 49
Beruhigendes Kamillen-Rosen-Gesichtswasser 50
Rosenblüten-Lavendel-Tonikum 51
Gurken-Minze-Tonikum mit Aloe-Vera-Saft 52

Frischkosmetikmasken 53

Himbeermaske 54
Gurken-Joghurt-Maske 55
Straffende Apfelmaske mit Honig 56
Bananen-Quark-Feuchtigkeitsmaske 57
Kartoffel-Tonerde-Maske 58
Packung gegen Tränensäcke und müde Augen 59
Petersilienmaske mit Joghurt 60

Säubern und zugleich entspannen: Dusche und Badewanne 61

Flüssige Kastilienseife 62
Flüssige Olivenöl-Lorbeer-Seife 63
Pflegende Badebomben 64
Haferflocken-Honig-Badepaste 66
Sahniges Erdbeerbad 66
Kräuter-Mandelmilch-Bad mit Honig 67
Genießer-Badeöl 68
Luxusbad 69
Wachmacher-Peeling – Coffee-Scrub mit Gewürzen 70
Sanftes Tomaten-Körper-Peeling für unreine und fettige Haut 71
Zitronen-Salz-Körperpeeling mit Minzöl 72

Duftende Körperpflege 73

Milchcreme 74
Flieder-Massageöl 75

Cream Bars 76
Deo-Puder mit Salbei und Minze 78
Petersilien-Apfelessig-Deodorant 79
Deocreme 80
DIY-Deostick 81
Erfrischendes Minzöl 82

Gepflegte Hände, Füße und Beine 83

Flüssige Ingwer-Zitronen-Handseife 84
Fußbad für überbeanspruchte Füße 85
Pflegende Avocado-Fußpackung 86
Kartoffelpackung für Hände und Füße 87
Milch-Salz-Peeling 88
Rückfettendes Honigpeeling für zarte Hände 89
Bananenpackung 89
Wildes Waldpeeling 90
Reichhaltige Fußbutter 92
Fußpflegepackung 93
Belebendes Beinspray 94

Traumhaft schönes Haar 95

Trockenshampoo mit Kamille und Lavendel 96
Oliven-Aloe-Vera-Shampoo 98
Erfrischendes Sommershampoo 99
Kräuterblondierung 100
Maske für trockenes Haar und trockene Kopfhaut 101
Pflegende Haarmaske mit Avocado und Zitrone 102
Rosmarinhaarwasser für brünettes Haar 104
Brennnessel-Kurspülung 105
Stärkender Kräuteressig 106

Gesunde Zähne und Mundhygiene 107

Rosenzahnpulver 108
Zahncreme mit Zimt 109

Vorwort

Liebe Leserinnen und Leser,

spätestens durch das Experimentieren und die Rezeptentwicklung für meine Bücher *Die besten Hausmittel selbst gemacht aus dem Thermomix®* und *Gewürze aus dem Thermomix®* hat sich für mich gezeigt, wie viel mehr der »Wunderknabe« Thermomix® kann als einfach nur kochen.

Ein weiterer großartiger Einsatzbereich offenbart sich hier bei der Eigenproduktion von Kosmetik und Schönheitsmittelchen. Musste ich früher immer mit dem Thermometer, diversen Milchaufschäumern (die im entscheidenden Moment den Geist aufgaben) und anderen Gerätschaften hantieren, erledigt der Thermomix® jetzt alles in einem.

Einfach fantastisch, wie simpel es sein kann, seine Pflegemittel selbst herzustellen! Das geht nun so fix, dass man immer mehr Lust bekommt, weiter zu experimentieren.

Vor allem aber werden Sie sicher schnell feststellen, wie viel Gutes Sie Ihrer Haut mit dieser frischen und naturreinen Kosmetik tun. Denn ab jetzt können Sie das Wort Pflege neu definieren. Trockene, fahle, müde Haut? Vorbei! Schuppige, raue Stellen? Nie wieder! Unreinheiten, Falten? Kaum noch sichtbar! Und das alles durch Produkte, die im Handumdrehen zusammengemischt sind. Mehr kann man doch wirklich kaum verlangen, oder? Nun aber los mit dem Schmökern, Aussuchen, dem Plündern von Kühlschrank und Vorratskammer und natürlich dem Mixen …

Ganz viel Spaß und noch mehr Erfolg – für eine schöne und gesunde Haut.
Das wünscht Ihnen

Ihre
Elisabeth Engler

Tipps für den Umgang mit dem Thermomix®

1. Mixtopf und Deckel nach dem Kochen von Zuckerhaltigem oder Öligem immer sofort auswaschen. Das alles klebt nämlich furchtbar, wenn man es eintrocknen lässt. Außerdem können Säuren, zum Beispiel von Essig, die Dichtungen beschädigen, wenn sie sehr lange im Mixtopf bleiben.
2. Beim Pulverisieren von Kräutern oder Blüten verteilt sich das feine Pulver in der Regel überall im Mixtopf. Mit einem Spatel lässt es sich nur schlecht nach unten schieben, vor allem bei kleineren Mengen. Da hilft am besten ein Küchenpinsel, mit dem Sie auch Reste aus dem Mixtopfdeckel mitnehmen können. Unter den Messbecher noch ein Küchenpapiertuch stecken, dann kommt der feine Staub nicht durch. Vor dem Öffnen des Mixtopfes immer kurz warten, bis der Staub sich gelegt hat.
3. Die eingebaute Waage ist beim Abwiegen von Kleinstmengen nicht immer genau, zum Beispiel zur Herstellung von Cremes empfehle ich daher eine externe Digitalwaage (mit 1-Gramm-Schritten).
4. Gekochtes lässt sich direkt aus dem Mixtopf gut ausgießen. Doch sehr Heißes oder Kochendes sollten Sie nur durch einen (hitzefesten) Trichter in Flaschen abfüllen – so vermeiden Sie schmerzhafte Verbrennungen und lästiges Kleckern!
5. Der Messbecher misst gefüllt 100 Milliliter, halb gefüllt (Markierung) 50 Milliliter Inhalt. Er wurde in vielen Rezepten daher als Hilfe zum Abmessen verwendet – das geht in der Regel schneller als das Abwiegen.
6. Muss Dickflüssiges im Mixtopf mithilfe eines Spatels nach unten geschoben werden, kann es sein, dass dies mit einem biegsamen Spatel, etwa aus Silikon, besser gelingt als mit dem starren Originalspatel.
7. Wer sehr oft Kosmetik oder auch Reinigungsmittel im Thermomix® zubereitet, sollte über die Anschaffung eines Zweit-Mixtopfes nachdenken, der ausschließlich dafür verwendet wird. Denn ätherische und auch fette Öle bekommt man (sowohl das Fett als auch den Geruch) nur mit sehr gründlicher Reinigung wieder weg, was auf die Dauer nervig sein kann.
8. Nach dem Anrühren von Cremes 700 g Wasser in den Mixtopf einwiegen, ein paar Tropfen Spülmittel zufügen und **10 Min./80 °C/Stufe 3/mit MB** laufen lassen, dann ist der Mixtopf in der Regel sauber. Für die Weiterbenutzung für Lebensmittel aber immer noch mal auf Fettreste und auf Gerüche kontrollieren!
9. Bevor man Naturkosmetik herstellt, muss der Mixtopf unbedingt sehr gründlich gereinigt worden sein. Eventuelle Speisereste von Teig oder auch Hackfleisch, die sich leicht unter dem Messer ansammeln können, verunreinigen sonst die schönen Cremes und Lotionen.
10. Beim Schmelzen von festen Bestandteilen wie Bienenwachs, Lanolin, Eucerin oder Kakaobutter darauf achten, dass nichts davon auf dem Messer im Mixtopf liegen bleibt, sonst können sie nicht gleichmäßig schmelzen.
11. Cremedosen erst zuschrauben, wenn die Creme völlig abgekühlt und erstarrt ist, da sonst Schwitzwasser entsteht, welches zu Schimmelbildung bzw. Bakterienverunreinigung führen kann.

Grundlagen der Kosmetikherstellung

Mit den folgenden Rezepten stellen wir in unserer Küche zum einen ausgesprochen hochwertige und frische, zum anderen so gut wie nicht konservierte Kosmetik her. So gut wie, denn in manchen Produkten sind Alkohol, Salz, Zucker oder Vitamin E enthalten, die neben ihrer kosmetischen auch eine gewisse konservierende Wirkung haben, aber eben keine künstlichen Konservierungsstoffe sind.

Besonders wichtig ist daher, sauber zu arbeiten, mit sauberen Gerätschaften und sauberen Behältnissen, in die wir unsere Kosmetik dann abfüllen. Dabei spielt aber auch die Frische der verwendeten Zutaten eine wichtige Rolle, denn mit alten oder älteren Komponenten kann man keine Kosmetik herstellen, die länger haltbar ist.

Nun sind wir es natürlich gewohnt, dass unsere Hautpflegemittel, oder zumindest das, was wir – bis jetzt – darunter verstanden haben, monatelang geöffnet im warmen Bad, oft sogar in vollem Sonnenlicht, herumstehen und wir sie dennoch bedenkenlos benutzen können, Konsistenz und Geruch meistens unverändert sind. Das ist durchaus praktisch, das gebe ich gerne zu. Doch überlegen Sie einmal, wie das eigentlich zustande kommen kann. Bei jedem Griff mit dem Finger in den Cremepott trägt man Bakterien hinein, trotzdem wird auch nach Monaten noch damit gecremt. Was glauben Sie denn, wie das funktionieren kann? Nur durch eine, na ja, sprechen wir es ruhig aus, Unmenge an Konservierungsmitteln und Antioxidantien können diese Eigenschaften erhalten bleiben. Natürlich gibt es Kosmetikprodukte, die nicht viel davon benötigen, wie zum Beispiel Badesalz oder Rasierwasser, doch für sämtliche öl- und auch wasserhaltigen Mittel kann das kaum gelten. Auch handelsübliche Naturkosmetik – wobei der Begriff an sich noch nicht gesetzlich definiert ist und der Verbraucher dadurch auch keinen Standard erwarten kann – muss konserviert werden. Und wie die schöne, ansprechende Farbe in herrlich riechende Rosencreme kommt, ist uns auch meist nicht wirklich wichtig. Erst, wenn die trockene Haut immer trockener wird, sensible Haut kaum noch »Pflegeprodukte« ertragen mag und Allergien sowie Unverträglichkeiten zu- und manchmal auch überhandnehmen, besinnen wir uns und suchen nach passenden Alternativen. Ich nehme mich davon nicht aus. Solange man keine Probleme hat, schlägt man oft den scheinbar einfacheren Weg ein. Doch wenn es dann losgeht mit unansehnlichen und/oder juckenden Ausschlägen, hat man ein Problem. Und nicht immer findet sich dafür eine medizinische Lösung. Dann besinnt man sich gerne auf die Natur und die natürlichen Zutaten und nimmt ihre heilenden Kräfte in Anspruch.

Doch wie viel besser wäre es, es erst gar nicht so weit kommen zu lassen? Lieber vorher schon Gutes für die Haut als unser größtes Organ tun und somit auch für die Gesundheit.

Ich habe mich bemüht, viele möglichst einfache und zugleich wirksame Pflegeprodukte zusammenzustellen, die Sie auch ohne Vorkenntnisse selbst anrühren können.

Viele Zutaten stammen aus der Küche. Somit können Reste dann zum Kochen verwendet werden, was den Geldbeutel schont und es ermöglicht, immer wieder frisch einzukaufen. Ans Herz legen möchte ich Ihnen besonders die schnell gemixten Frischkosmetikmasken (ab S. 53). Wenden Sie diese wie eine Kur an und genießen Sie die entspannenden und regenerierende Wirkungen von Avocado, Zitrone, Banane, Apfel, Gurke, Quark, Joghurt und so weiter. Die Masken sind so günstig, dass Sie sich ruhig Hals und Dekolleté damit einstreichen und gleich mitpflegen können. Fältchen werden gemildert oder ihrer Entstehung wird vorgebeugt, Unreinheiten werden bekämpft und Trockenheit wird ausgeglichen. Eine regelmäßige Anwendung ist dabei aber sehr wichtig!

Wie lange ist frische Naturkosmetik haltbar?

In der Regel sagt man, dass diejenige Zutat, die am kürzesten haltbar ist, bestimmt, wie lange das Produkt verwendet werden kann. Beispiel Milchcreme: Sie besteht aus Milch, Pflanzenöl und Stärke. Die Milch hat die kürzeste Haltbarkeit von z. B. 5 Tagen, also ist auch die Creme höchstens 5 Tage haltbar (ohne weitere Konservierung und im Kühlschrank).

Einige Produkte enthalten entweder die Haltbarkeit verlängernden Alkohol, Salz, Zucker, Natron, oder man setzt etwas Vitamin E hinzu, das sowohl antioxidativ als auch gleichzeitig hautpflegend wirkt.

Ein Problem sind die fetten Öle, die der Haut Gutes tun (siehe Beschreibung S. 13), aber auch relativ bald ranzig und damit unbrauchbar werden. Daher empfiehlt es sich, immer möglichst frische Zutaten und Öle zu nehmen und die Mischungen, sobald sie zusammengerührt sind, auch zügig aufzubrauchen.

Frischkosmetikmasken sollten Sie entweder sofort komplett verwenden oder Reste davon in einem sauberen Schraubglas maximal 1–3 Tage im Kühlschrank lagern.

Wer allergisch auf einen der verwendeten Bestandteile reagiert, lässt diesen einfach weg oder ersetzt ihn eventuell.

Das bereits erwähnte gut geheizte Bad und die Fensterbank sind keine Option zur Lagerung frischer Naturkosmetik! Denn die muss grundsätzlich entweder kühl und dunkel oder sogar im Kühlschrank aufbewahrt werden. Bitte beachten Sie die Hinweise bei den jeweiligen Rezepten.

Öle ebenso wie Fluidlotionen und Flüssigkeiten sind in einer Flasche oder einem Spender gut untergebracht, es soll möglichst wenig Luft darankommen. Festere Cremes und Körperbutter werden in desinfizierte oder mit Alkohol ausgeriebene, trockene Salbendosen abgefüllt.

Die Entnahme erfolgt dann mithilfe eines sauberen Spatels oder eines kleinen Löffels. Da die Cremes im Kühlschrank relativ fest werden, kann man sie einige Minuten vor der Verwendung herausnehmen, sodass sie etwas weicher und angenehmer zu verteilen sind. Danach wieder in den Kühlschrank geben.

Bitte die selbst produzierten Schätzchen sofort beschriften! Spätestens wenn mehrere der Eigenproduktionen Ihren Kühlschrank bevölkern (das sind nämlich Rudeltiere, die bleiben selten allein), weiß man nicht mehr, welche Creme man in der Hand hat. Auch das Herstelldatum und eventuell ein Haltbarkeitsdatum (besonders, wenn Sie etwas davon verschenken wollen) sind wichtig und sollten sofort nach dem Anrühren angebracht werden.

Es mag ja ungewohnt sein, die Hautpflege in der Küche vor dem Kühlschrank stehend zu verrichten, man gewöhnt sich aber schnell daran. Ihre Haut dankt es Ihnen auf jeden Fall mit dem berühmten Glow – einem strahlenden, rosigen Aussehen.

Konservierungsmöglichkeiten

Grundsätzlich gilt wie bereits gesagt: Unsere DIY-Naturkosmetik ist so lange haltbar, wie die Zutaten es sind, also bestimmt diejenige Komponente, deren Haltbarkeit am geringsten ist, die jeweilige Dauer. Die Lagerung im Kühlschrank beziehungsweise an einem kühlen und zumeist dunklen Ort vorausgesetzt, das wird jedoch bei jedem Rezept angegeben. Die Gefäße, in die die Pflegeprodukte abgefüllt werden, müssen unbedingt sehr sauber sein. Daher sollten sie gründlich gereinigt sein. Am besten vorher kochend heiß fettfrei auswaschen, trocknen und Cremedosen und -deckel sowie Kunststoffflaschen, die nicht so heiß gespült werden können, mit etwas hochprozentigem Alkohol ausreiben und trocknen lassen. Bei Veränderungen, die Sie an Ihrer Pflege feststellen (Duft, Farbe, Konsistenz), muss das Produkt entsorgt werden. Manchmal kann es auch passieren, dass Sie etwas plötzlich nicht mehr vertragen. Das kann daran liegen, dass sich eine Unverträglichkeit herausgebildet hat oder dass das Produkt zwar äußerlich unverändert ist, sich aber dennoch Keime und unsichtbare Bakterien gebildet haben. Auch dann bitte nicht mehr weiterverwenden.

Wer eine längere Haltbarkeit wünscht, kann sein Produkt natürlich auch konservieren:

Biokons Neo

Parabenfrei, hergestellt aus natürlichen Duftstoffen, hat einen etwas starken, rosenähnlichen Geruch, funktioniert im pH-Bereich 4–8. Hemmt Ausbreitung und Wachstum von Bakterien und Pilzsporen. 10 Tropfen auf 100 ml Endprodukt verlängern die Haltbarkeit um ca. vier Monate, 20 Tropfen auf 100 ml um ca. 8 Monate. Erhältlich zum Beispiel über www.dragonspice.de.

Vitamin E (Tocopherol)

Als Lebensmittel zugelassen, verhindert es das Ranzigwerden von Öl, wenn es gleich nach dem Öffnen der Flasche hinzugefügt wird, besonders von Ölen mit hohem Gehalt an ungesättigten Fettsäuren. Auch für Cremes mit einem hohen Ölanteil geeignet.

Außerdem pflegt und befeuchtet es die Haut, besonders schuppige und trockene, und soll auch bei Narben helfen.

Als Konservierer in der Konzentration von 2 Prozent einsetzen (2 ml auf 100 ml), nur für die Hautwirkung reicht 1 Prozent (1 ml auf 100 ml) aus. Bitte nur natürliches Vitamin E kaufen.

In den hier angegebenen Rezepten wird Vitamin E vor allem wegen der hervorragenden Wirkung auf die Haut verwendet.

Rokonsal BSB-N

Ein ecozertifizierter, BDIH-konformer und für Naturkosmetik zugelassener Konservierungsstoff für Emulsionen, Duschgele und Shampoos. 5–10 Tropfen auf 50 g Endprodukt reichen für eine Haltbarkeit von 3–6 Monaten aus. Rokonsal ist geruchsneutral und wird gut vertragen, der pH-Wert des zu konservierenden Produktes sollte nicht über 5,4 liegen.

Basisöle und fette Öle

Für die Cremes und Lotionen, die in diesem Buch angegeben werden, benötigen wir gute Öle, die Wirkstoffe auch in die tieferen Hautschichten schleusen können. Dafür sind auch ganz normale Speiseöle geeignet, die nicht nur den Vorteil haben, recht preisgünstig zu sein, sondern deren Reste dann in der Küche verarbeitet werden können. Sie werden überrascht sein, wie gut sogar eine ganz einfache Creme aus Milch und Sonnenblumen- oder Distelöl (je nach Hauttyp) sein kann! Geöffnete Ölflaschen sollten kühl und dunkel gelagert werden; die meisten Öle gehören in den Kühlschrank, um ihre Oxidation zu verzögern.

Aprikosenkernöl

Gewonnen aus der im Stein liegenden Mandel, leicht bis stark rückfettend, pflegt und schützt. Hoher Anteil an Linolsäure, regeneriert angegriffene Haut, spendet Feuchtigkeit und wird auch von empfindlicher Haut und Babyhaut gut vertragen. Dringt in die tieferen Hautschichten ein und soll eine aufpolsternde Wirkung haben.

Arganöl

Vorwiegend für die trockene, reife und angegriffene Haut und zur Nagel- sowie Haarpflege. Wird aber auch für fettige und unreine Haut verwendet, da es nicht komedogen wirkt (verstopft nicht die Poren, gegen Mitesser) und die Haut repariert. Sehr pflegend, schützt die Hautbarrieren, feuchtigkeitsspendend. Oxidiert schnell, geöffnete Flasche im Kühlschrank lagern.

Avocadoöl

Leicht bis stark rückfettend, spendet Feuchtigkeit, pflegt und schützt, gut geeignet für rissige Hautstellen zum Beispiel an den Füßen. Leicht entzündungshemmend, auch bei gereizter Haut mit Ekzemneigung und Unreinheiten geeignet. Kalt gepresstes Avocadoöl wird schnell ranzig und färbt Cremes stark grün, daher empfiehlt sich für das Gesicht in Tagescremes eher helles raffiniertes Öl.

Cupuacubutter

Eine vegane Basis für hochwertige Cremes, auch als Lanolinersatz geeignet, da sie bis zu 240 Prozent mehr Wasser in der Haut binden soll. Aus dem Verwandten des Kakaostrauches, dem Cupuacu-Baum, der in Südamerika beheimatet ist, wird ein festes Fett gewonnen, das besonders rückfettend und schützend, feuchtigkeitsbindend und faltenreduzierend sein soll, antibakteriell wirken, beschädigte und trockene Haut regenerieren und freie Radikale binden soll. Außerdem hat es einen leichten natürlichen Sonnenschutz. Es wird sowohl für hochwertige kosmetische Produkte als auch in der Lebensmittelherstellung verwendet. Die Butter ist ein reines Pflanzenprodukt und daher auch für Veganer geeignet. Konsistenz und Farbe sind ähnlich der Shea-oder Mangobutter, wobei Cupuacubutter von den meisten als angenehmer empfunden wird. Der Geruch ist relativ neutral. Leider hat sie auch ihren Preis.

Distelöl

Befeuchtend, beruhigt, antientzündlich, regenerierend, für fettige und unreine Haut, aber auch für trockene Haut als zusätzliches Öl geeignet. Es hat einen sehr hohen Anteil von bis zu 75 Prozent an essenziellen, mehrfach ungesättigten Fettsäuren und ist ein relativ preisgünstiges Basisöl. Es wird leider schnell schlecht.

Jojobaöl

Kein Öl, sondern ein Wachs, auch für empfindliche Haut gut geeignet. Ein geruchsneutrales, stabiles Basisöl, das schnell einzieht und leicht trockene Haut weich macht, mit Feuchtigkeit versorgt, Entzündungen bekämpft und eine antioxidative Wirkung haben soll.

Kokosöl

Glättet, kühlt, zieht schnell, aber nicht tief ein. Wirkt leicht antientzündlich, feuchtigkeitsspendend und beruhigt gereizte Haut. Das Öl klebt nicht, ist auch ungekühlt lange haltbar und flüssig ab 23–24 °C. Gut geeignet für Sonnenkosmetik und die Haarpflege. Auch als raffiniertes Öl oder geruchsneutralisiert erhältlich. Die Rede ist hier vom sogenannten »Virgin Oil«, das kalt bis zimmerwarm noch fest ist und fein nach Kokos duftet. Es eignet sich hervorragend für die Kosmetikherstellung, da es wärmestabil (es wird auch beim Kochen bis zu 200 °C verwendet) und im Vergleich relativ preiswert ist. Reine Kokossalben sollten bei wärmeren Temperaturen im Sommer im Kühlschrank lagern, wodurch sie recht fest werden. Dies kann man verhindern, indem man Bienenwachs darin schmilzt, dann bleibt die Salbe auch außerhalb vom Kühlschrank stabil und »schmierfähig«. Da Kokosöl eine antibakterielle, antivirale und desodorierende Wirkung hat, wird es gerne für natürliche Deos verwendet.

Kaufen Sie Lebensmittelqualität (bio) – nicht benötigte Mengen wandern in Kochtopf und Pfanne.

Mandelöl (Süßmandelöl)

Sehr beliebtes Basisöl für zarte Haut. Leicht bis stark rückfettend, pflegt und schützt, ist für trockene, spröde, schuppige Haut geeignet, wird aber auch für alle Hauttypen eingesetzt, sogar für die empfindliche Babyhaut zu empfehlen. Wird gerne mit ätherischen Ölen zur hautpflegenden Massage oder als wertvolles Badeöl gemischt. Es oxidiert leider recht schnell und reagiert auf Sauerstoff und Licht, daher kühl aufbewahren und eventuell nach dem Öffnen mit Vitamin E schützen.

Mangobutter

Die feste Mangobutter wird aus den Kernen der Frucht gepresst und dient zugleich als Basisöl wie auch als Konsistenzgeber (siehe S. 18). Sie wirkt rückfettend und schützend, spendet der normalen und fettigen Haut Feuchtigkeit und macht die Haut zart. Sie macht ein etwas weniger fettiges Hautgefühl und ersetzt daher oft die ähnlich wirksame Sheabutter.

Olivenöl

Leicht bis stark rückfettend, feuchtigkeitsspendend, pflegend und schützend. Für trockene und empfindliche Haut sowie Babyhaut zu empfehlen.

Es dauert etwas, bis das Öl ganz einzieht, wobei ein pflegender Film auf der Haut stehen bleibt. Olivenöl eignet sich sehr gut als Auszugsöl für Blüten- und Kräuteröle. Man lagert es lichtgeschützt und kühl, aber nicht im Kühlschrank.

Rizinusöl

Spendet Feuchtigkeit, enthält viel hautschützendes Vitamin E und essenzielle Fettsäuren. Rizinusöl wird gelegentlich als stark abführendes Heilmittel verwendet. In der Hautpflege eignet es sich für die reife und trockene Haut, die Haar- und Nagelpflege. Es fördert die Zellregeneration, mildert Falten, Narben und Schwangerschaftsstreifen. Besonders gut wirkt Rizinusöl auch bei der Hautreinigung, denn es zieht Schmutzpartikel von der Haut. Allerdings ist die Konsistenz eher klebrig, sodass es ungern solo verwendet wird, weil es dann als nicht sehr angenehm auf der Haut empfunden wird und schlecht einzieht. Lichtgeschützt aufbewahren.

Sheabutter (Karitébutter)

Wird gewonnen aus der Sheanuss, den Fruchtsamen der Früchte des Karitébaumes. Sheabutter hat eine feste Konsistenz und wird entweder pur verwendet oder mit anderen Ölen und Fetten gemischt. Sie dient dann auch als gehaltvoller Konsistenzgeber. Leicht bis stark rückfettend, schützend, pflegend, für die trockene und empfindliche Haut sowie bei Neurodermitis und Schuppenflechte anwendbar. Soll den Alterungsprozess der Haut verlangsamen, zieht gut ein und hinterlässt ein gepflegtes Gefühl auf der Haut. Wird gerne zu »Sheasahne« aufgeschlagen und ist eher geruchsneutral.

Sonnenblumenöl

Leicht bis stark rückfettend und feuchtigkeitsspendend. Es pflegt und schützt, befeuchtet und regeneriert die Hautbarriere. Für eher trockene und strapazierte Haut geeignet. Sonnenblumenöl ist reich an Vitaminen und feuchtigkeitserhaltendem Glyzerin.

Für die Hautpflege wird kalt gepresste Bioqualität empfohlen, die man auch beim Discounter erstehen kann. Vor Sonnenlicht geschützt und kühl aufbewahren. Wird gerne als preiswertes Auszugsöl für Blüten und Kräuter verwendet. Es wird leider schnell schlecht.

Wiesenschaumkrautöl

Hergestellt aus den Samen der Sumpfblume, ist dieses Öl besonders oxidationsstabil und ersetzt daher gelegentlich das Jojobaöl. Es macht die Haut seidig glatt und nicht fettend und besteht vor allem aus langkettigen ungesättigten Fettsäuren. Es spendet Feuchtigkeit und ist auch für sehr empfindliche Haut und für die Pflege der Augenpartie einsetzbar.

Wildrosenöl (Wildrosenkernöl, Hagebuttenkernöl)

Für trockene, schuppige und spröde Haut und trockenes Haar. Das Öl mildert Pigmentflecken und Narbenbildung. Es wirkt aufbauend, steigert angeblich die Collagenproduktion, die Zellregeneration und füllt die Feuchtigkeitsspeicher der Haut wieder auf. Es ist lichtempfindlich und oxidiert schnell. Kann auch zur Pflege der Aknehaut, vorbeugend gegen Schwangerschaftsstreifen, Narben und Cellulitis verwendet werden.

Raffiniert oder kalt gepresst?

Grundsätzlich enthalten kalt gepresste Öle die ganze Vielfalt an Inhaltsstoffen des Ölguts und sind, besonders in Bioqualität, prinzipiell immer vorzuziehen. Neben dem zumeist höheren Kostenfaktor haben sie aber auch Nachteile: Zum einen sind manche Öle in ihrer natürlichen Form dunkler, was für den Einsatz in Gesichtscremes unangenehm sein kann (Beispiel Avocadoöl), vor allem aber sind sie wesentlich kürzer haltbar als raffinierte Öle. Hitzeunbeständige Stoffe werden nämlich bei der Raffination extrahiert und das Öl anschließend gefiltert. Farbe, teilweise auch Geruch und ein Teil der Wirkstoffe werden somit entfernt. Manche Öle, besonders aus entfernten Ländern, werden sowieso nur raffiniert exportiert und sind somit bei uns gar nicht kalt gepresst erhältlich. Gerade in kleineren Mengen, die man anrührt und bald aufbraucht, sind kalt gepresste Öle sicherlich sinnvoll, jedoch ist der Kaufpreis eben von Kleinmengen auch besonders hoch. Letztlich muss jeder für sich selbst entscheiden, welche Form des Öls er lieber verwendet.

Konsistenzgeber

Öle sind bekanntlich flüssig. Um sie in eine Creme zu verwandeln, also eine feste oder cremige Konsistenz zu erhalten, benötigen wir einen der hier aufgeführten Konsistenzgeber. Man verflüssigt diesen erst, fügt anschließend das oder die Öle sowie nach Wunsch weitere Inhaltsstoffe hinzu und bekommt nach dem Erkalten dann eine cremige Masse.

Ist die Creme zu fest geworden, wurde zu viel Konsistenzgeber verwendet. Das Empfinden dafür ist individuell unterschiedlich. Daher bietet sich, ähnlich wie beim Marmelade-Einkochen, ein Konsistent-Test an: Vor dem Einfüllen in Salbengläschen einen Tropfen der Creme auf einen kühlen Teller geben. Ist die Creme zu fest, kann man noch etwas Öl hinzufügen. Ist sie dagegen zu weich, kann man nur dann einen Konsistenzgeber nachträglich zugeben, wenn keine Wasserphase verwendet wird. Bitte aber daran denken, dass die Cremes zumeist im Kühlschrank gelagert werden, wo sie ohnehin noch fester werden!

Konsistenzgeber müssen nicht im Kühlschrank aufbewahrt werden, ein dunkler (bei Kakaobutter auch etwas kühler) Ort reicht aus.

Beerenwachs

Ein rückfettender und leicht emulgierender Konsistenzgeber aus den Schalen des Lacksumach. Wegen seiner feuchtigkeitsspendenden Eigenschaften wird es gerne auch für die Haarkosmetik, Lippenpflegeprodukte und leichte Emulsionen verwendet. Schmelzpunkt 50–55 °C.

Bienenwachs

Besonders gut zur Haut und fein duftend ist das naturbelassene, also ungebleichte Wachs. Es färbt zwar gelblich, enthält aber im Gegensatz zu gebleichtem Wachs noch alle nützlichen Wirkstoffe, die dieses Bienenerzeugnis in unsere Naturkosmetik schleusen kann. Es pflegt die Haut durch einen leichten Schutzfilm. Für Veganer ist Bienenwachs als tierisches Produkt keine Option und kann durch Kakaobutter oder Sheabutter ersetzt werden. Bienenwachs eignet sich für Personen mit Bienenallergie meist nicht (evtl. einen Allergietest machen).

Nur Bio-Wachs verarbeiten! Das Wachs kauft man praktischerweise in Form von kleinen Pastillen, die bei 60–65 °C schmelzen. Bitte darauf achten, dass sie nicht auf dem Messer des Mixtopfs liegen bleiben.

Candelillawachs (E902)

Ist ebenfalls ein veganer Ersatz für Bienenwachs und wird in der Lebensmittelindustrie zum Beispiel als dünne Beschichtung von Früchten benutzt, damit diese ansehnlicher sind und schön glänzend unseren Appetit wecken. Es wird unverdaut wieder ausgeschieden. In Cremes und Salben wird es gut vertragen und bildet eine dünne Schutzschicht auf der Haut. Der Schmelzpunkt von Candelillawachs liegt je nach Hersteller zwischen 65 und 80 °C.

Kakaobutter

Wird aus den Kakaobohnen gewonnen, schmilzt etwa bei 29–34 °C und ist darunter fest. Man bekommt es oft im Lebensmittelhandel bei den Backwaren. Kühl und dunkel lagern.

Besonders hilfreich ist Kakaobutter bei trockener, rissiger Haut, sie soll schützend und rückfettend sein, Falten mildern und Schwangerschaftsstreifen vorbeugen. Wasseranteile nimmt sie fast nicht auf, daher müssen Emulgatoren verwendet werden, wenn man Cremes mit einem Wasseranteil auf Kakaobutterbasis herstellen will. Praktisch sind Kakaobutterpastillen bzw. -drops. Beim Zugeben müssen Sie darauf achten, dass sie nicht auf dem Messer des Mixtopfs liegen bleiben (bei kleineren Mengen bis zu 200 g Öl). Kakaobutter riecht leicht nach Kakao.

Mimosenwachs

Dieser vegane Konsistenzgeber wird aus den Blüten der Silberakazie hergestellt, enthält einen hohen Anteil an Phytosterolen und bekämpft damit die Austrocknung reifer und trockener Haut. Auch Nebenerscheinungen wie Juckreiz, Brennen, raue und schuppige Haut werden gebessert und die Haut mit einem sanft duftenden Schutzmantel gepflegt. Die Konsistenz von Cremes wird durch die Verwendung von Mimosenwachs stabiler. Der Schmelzpunkt liegt bei 60–65 °C.

Rosenwachs

Intensiv duftender, sehr pflegender und schützender Konsistenzgeber, entsteht bei der Herstellung von Rosenabsolue. Das Wachs wird für Lippenstifte und -balsame, Körperbutter und Pflegecremes verwendet. Der Schmelzpunkt liegt bei 60–65 °C.

Ätherische Öle

Ätherische Öle werden als Essenz der Pflanze bezeichnet. In der Regel werden sie durch Destillation der Blüten, Blätter, Stängel, Wurzeln oder Rinde gewonnen und riechen sehr intensiv. Jedes Öl trägt die Wirkstoffe »seiner« Pflanze geballt in sich, weshalb die Öle in der Naturheilkunde zum Beispiel im Rahmen der Aromatherapie eingesetzt werden. Auch die Parfumindustrie schätzt sie sehr, doch werden sie immer öfter aus Kostengründen durch synthetisch hergestellte Aromen ersetzt. Ein Duft- oder Parfumöl ist also selten ein zu 100 Prozent naturreines ätherisches, sondern meist sogar ein synthetisch hergestelltes Öl! Am besten eignen sich ätherische Öle aus Bioproduktion, doch die haben natürlich auch ihren Preis.

Für Kinder unter etwa drei Jahren sollten ätherische Öle bis auf das Lavendel fein in Bioqualität tabu sein und größere Kinder nur maximal die halbe Erwachsenenration erhalten. Auch in der Schwangerschaft und Stillzeit sind ätherische Öle mit Vorsicht zu genießen; so kann zum Beispiel Rosmarinöl für Wehen verantwortlich sein. Bitte daher nur in Absprache mit Ihrem Arzt verwenden.

Wer zu Allergien und Hautreaktionen neigt, sollte ebenfalls mit dem Einsatz von ätherischen Ölen aufpassen und sie im Zweifelsfall lieber weglassen. Pflanzenölauszüge (Mazerate) dagegen können meistens bedenkenlos eingesetzt werden, sofern gegen die entsprechende Pflanze keine Allergie vorliegt (z. B. Kreuzblütlerallergie), da sie nur einen Bruchteil an ätherischem Öl enthalten.

Ansonsten gilt: Niemals pur auf die Haut auftragen und nicht in die Augen bringen! Eine Verdünnung von 1–2 Prozent (im Gesicht nur 0,5 Prozent) gilt für Erwachsene (ohne Allergien) in der Regel als unbedenklich, wobei das für viele sogar schon zu stark riecht.

Für die genauere Wirkung und Inhaltsstoffe der einzelnen ätherischen Öle gibt es diverse Fachliteratur. Hier darauf näher einzugehen, würde den Umfang dieses Buches sprengen.

Übrigens: Zitrusöle wie Zitronen-, Bergamotte-, Orangen-, Grapefruit- oder Mandarinenöl erhöhen die Lichtempfindlichkeit der Haut und können daher im Sonnenlicht zu Hautverfärbungen führen. Daher bitte mit diesen bewusst umgehen.

Haltbar sind ätherische Öle relativ lange, wobei hier wieder die Zitrusöle eine Ausnahme bilden: Sie sollten innerhalb von 8–12 Monaten nach Öffnen der Flasche aufgebraucht werden. Lieber also etwas kleinere Größen einkaufen.

Wo bekommt man gute ätherische Öle?

Achten Sie auf den Hersteller und die Deklarationen auf dem Etikett. Kaufen Sie nur »100 % naturreine« ätherische Öle mit Angabe von Pflanzenbezeichnung und Herkunft. Apotheken, Drogerien und Internetdrogerien bieten die verschiedensten Produkte an. Am besten testet man selbst, welches Öl einem angenehm ist, was bei einem Versand leider nicht möglich ist. Oder Sie finden einen vertrauenswürdigen Hersteller. Pur riechen die Öle sehr konzentriert und intensiv, die Verdünnung macht den Unterschied ebenso wie die Kombination mit anderen Ölen.

Hydrolate

Hydrolate entstehen bei der Destillation der Pflanze zu ätherischem Öl. Gute Hydrolate riechen einfach herrlich. Sie wirken zwar sanfter als ätherische Öle, dafür sind sie aber verträglicher und können bereits für die empfindliche Kleinkinderhaut eingesetzt werden. In den hier aufgeführten Rezepten werden sie des Öfteren verwendet. Sie enthalten einen geringen Anteil des ätherischen Öls und sind hautpflegend und beruhigend.

Für unsere Rezepte haben wir handelsübliche, konservierte Hydrolate verwendet. Achten Sie beim Einkauf auf die Bezeichnung Hydrolat, denn einfache »Wässer« können auch nur ätherisches Öl gemischt mit destilliertem Wasser sein.

Vegane Alternativen

Tierische Produkte wie Honig sind bei Veganern bekanntlich verpönt. Doch man kommt bei Bedarf auch ohne sie aus:

- **Honig** ersetzt man mit **Glyzerin** (pflanzlich, wenn nicht als Emulgator benutzt) oder Agavendicksaft (evtl. dunkel).
- **Bienenwachs** kann durch **Beerenwachs, Candelillawachs, Mimosenwachs** oder **Rosenwachs** (Schmelzpunkte beachten) ersetzt werden, eventuell auch durch **Kakaobutter** (die wird aber nicht so fest und ist nicht so temperaturstabil).
- Statt **Lanolin** wird **Cupuacubutter** oder **Sheabutter** verwendet, soll es zugleich als Emulgator dienen, dann eher **Avocadin®** (Nachteil hoher Schmelzpunkt) oder **Olivem®**. In diesem Buch wurde ausdrücklich auf Lanolin verzichtet, ich möchte es dennoch erwähnen.
- Anstelle von Milch können Sie einen ungesüßten **Pflanzendrink** aus Soja, Hafer oder Reis wählen.
- Sahne wird durch ungesüßte **pflanzliche Cuisine** aus Soja oder Kokos ersetzt.

GESICHTS-REINIGUNG

Egal bei welchem Wetter: Unser Gesicht ist niemals geschützt. Es ist Wind, Regen, Feuchtigkeit, Hitze und Kälte ausgesetzt und soll dennoch schön und rosig aussehen. Das wird zwar auch so bleiben, aber mit den selbst gerührten Schönheitsmittelchen wird es auf jeden Fall erst einmal so richtig verwöhnt. Damit Sie der Welt auch Ihr bestes Gesicht zeigen können!

Bevor wir mit der Pflege unserer geplagten Haut beginnen können, muss sie aber erst einmal gut und möglichst schonend gereinigt werden. Mit einem der hier aufgeführten Rezepte gelingt das gut. Mein Favorit: die Mandel-Reinigungscreme, sie sorgt für eine besonders weiche Haut.

Mandel-Reinigungscreme

Trockene und empfindliche Haut neigt dazu, mit Spannungen und Trockenheitsgefühl auf Peelings zu reagieren. Diese Peelingcreme kann da die Lösung sein: Sie reinigt von abgestorbenen Hautschüppchen, spendet Feuchtigkeit und regeneriert.

Anwendung:
Zwei- bis dreimal pro Woche auf der trockenen Gesichtshaut (oder auch großflächig auf dem Körper) verteilen und sanft abreiben. Reste mit einem angefeuchteten Tuch entfernen. Anschließend mit der gewohnten Pflege eincremen.
Man kann das Peeling auch 10 Min. lang als Maske einwirken lassen.

Haltbarkeit:
bis zu 1 Monat (bzw. maximal so lange wie die kürzeste Mindesthaltbarkeit der verwendeten Zutaten), kühl und dunkel lagern

Für 140 g
Zubereitung: 5 Min.
Rührdauer: 4 Min.
Abkühlen: 10–30 Min.

30 g Mandeln
30 g Bio-Kokosöl
50 g Sheabutter
30 g Arganöl

1. Mandeln im Mixtopf **10 Sek./Stufe 10/mit MB** mahlen, mit einem Küchenpinsel nach unten streifen.
2. Kokosöl, Sheabutter und Arganöl zugeben und **3 Min./45 °C/Stufe 1.5/ohne MB** schmelzen. Mischung in ein Glas abfüllen. Kurz bevor die Creme fest wird (je nach Außentemperatur zwischen 10 und 30 Min.) nochmals mit einem sauberen Löffelstiel durchmischen, damit sich das Mandelpulver besser in der Creme verteilt (sinkt sonst auf den Boden ab). Kühl aufbewahren.

Verwendet man statt Arganöl z. B. Distelöl, eignet es sich auch für eher fettige Haut (überschüssige Reste gründlich abnehmen).

Wer zusätzlich mit Entzündungen zu tun hat, kann in die Creme noch 20 Tropfen Propolistinktur einrühren, wenn alles geschmolzen ist (**1 Min./Stufe 3/mit MB**). Dann bitte nur auftragen und nicht reiben.

Rosen-Himbeer-Reinigungsgel

Milde, leicht rückfettende Reinigung für alle Hauttypen.

Anwendung:
Wie ein Waschgel verwenden: auf die angefeuchtete Haut auftragen, mit kreisenden Bewegungen verteilen und mit klarem Wasser abspülen. Die Augenpartie aussparen.

Haltbarkeit:
2 Wochen im Kühlschrank, kann eingefroren werden

Für 250 ml
Zubereitung: 8 Min.
Rührdauer: 7 Min.
Abkühlen: 10 Min.

15 g Seife (Marseiller Seife, Naturseife nach Wahl oder Kernseife)
10 g (1 EL) Flohsamen
50 g Himbeeren, frisch oder TK, aufgetaut
1 MB Mineralwasser, still
1 MB Rosenhydrolat
10 g Olivenöl oder Rapsöl
1 EL Honig
0,5 MB Schnaps, 40 Vol.-% (für längere Haltbarkeit)

1. Seife und Flohsamen im Mixtopf **10 Sek./Stufe 10/mit MB** zerkleinern.
2. Himbeeren und Wasser zufügen und **6 Min./95 °C/Stufe 3/mit MB** erhitzen. Mischung 10 Min. abkühlen lassen.
3. Restliche Zutaten zugeben und **30 Sek./Stufe 8/mit MB** mischen. Gel durch ein feines Sieb filtern und gänzlich abkühlen lassen. Falls das Gel zu fest ist, mit etwas Rosenhydrolat mischen, bis es sich angenehm anfühlt.
4. In einen desinfizierten Spender abfüllen und im Kühlschrank lagern.

Wer keinen Alkohol verwenden möchte, füllt das Gel in mehrere gefriergeeignete Dosen ab und friert es ein, nur ein kleiner Teil verbleibt dann im Kühlschrank.

Gerstenmilchpaste

Sehr milde, reinigende Paste aus Gerste. Bereits Hildegard von Bingen empfahl Gerste in Form von Gerstenwasser für die unreine Haut. Auch für raue, schuppige und trockene Haut mit Rötungen geeignet. Der Anteil an Lorbeerseife erhöht die Reinigungswirkung.

Anwendung:
Zweimal täglich damit die Haut abreiben und mit lauwarmem Wasser abspülen, dann trocken tupfen.

Haltbarkeit:
ca. 1–2 Wochen im Kühlschrank

Für 150 ml
Zubereitung: 3 Min.
Rührdauer: 21 Min.

25 g Bio-Gerste
200 g destilliertes Wasser
12 g flüssige Kastilienseife (siehe S. 62)

1. Gerste im Mixtopf **15 Sek./Stufe 10/mit MB** mahlen.
2. Wasser zufügen und **15 Min./90 °C/Stufe 2/mit MB** kochen. Kastilienseife zufügen.
3. Deckel mit einem dicken Tuch abdecken und Mischung **20 Sek./Stufe 10/mit MB** fein mixen.
4. Das Ganze in ein Schraubglas füllen. Im Kühlschrank lagern, mit einem Löffel entnehmen.

Reinigungsöl mit Petersilie und Minze

Unreine und fettige Haut benötigt eine Pflege aus Feuchtigkeit, gepaart mit hochwertigen Ölen. Für die Reinigung kann deshalb dieses gute Kräuteröl ausprobiert werden. Petersilie soll gegen Unreinheiten helfen, Minze sorgt für ein leichtes Frischegefühl und Jojobaöl für die Durchfeuchtung. Distelöl ist für seine gute Wirkung gegen fette und großporige Haut bekannt.

Anwendung:
Einen Waschlappen mit heißem Wasser anfeuchten und auf das Gesicht drücken, um die Poren zu öffnen. Eine Menge, die etwa 1 TL entspricht, in die Hände geben, auf dem Gesicht verteilen und liebevoll einmassieren.
Den Gesichtswaschlappen wieder mit warmem Wasser anfeuchten und das Gesicht damit sanft abtupfen. Waschlappen ausspülen und Vorgang wiederholen. Haut trocken tupfen und mit Feuchtigkeitspflege eincremen. Morgens und abends anwenden.

Haltbarkeit:
bis 3 Monate (bzw. maximal so lange wie die kürzeste Mindesthaltbarkeit der verwendeten Öle) im Kühlschrank

Für ca. 180 ml
Zubereitung: 15 Min.
Rührdauer: 1 Std. 39 Min.
Abkühlen: 10–30 Min.
Ausziehen: über Nacht

- 1 Bund Petersilie (am besten Bio-Ware)
- 5 Stängel Pfefferminze (am besten Bio-Ware)
- halbe Bio-Zitrone
- 0,5 MB Distelöl
- 0,5 MB Rizinusöl
- 70 g Jojobaöl oder Wiesenschaumkrautöl
- 1 ml Vitamin E

1. Die Kräuter mit kaltem Wasser abspülen und gut trocken schütteln.
2. Die Zitrone heiß abwaschen und abtrocknen.
3. Kräuter grob schneiden und mit der Zitrone in den Mixtopf geben, **5 Sek./Stufe 10/mit MB** zerkleinern, mit dem Spatel nach unten schieben und Vorgang wiederholen.
4. Das Distelöl zufügen und **90 Min./40 °C/Stufe 2/ohne MB** rühren, dann **8 Min./75 °C/Stufe 2/ohne MB** erhitzen. Auf 40 °C abkühlen lassen, Rizinus- und Jojobaöl hinzufügen und **30 Sek./Stufe 3/ohne MB** mischen.
5. Mischung in ein Gefäß umfüllen und abgedeckt über Nacht ausziehen lassen.
6. Am nächsten Tag durch ein Tuch filtern, nicht ausdrücken (!), Vitamin E einrühren und Öl in ein trockenes, desinfiziertes Fläschchen abfüllen.

Hautverjüngendes Zucker-Peeling

Wunderbar glatte, frische Haut macht dieses Peeling, das man ruhig auch für den (nassen) Körper und vor allem die Hände (das geht ruckzuck auch zwischendurch) einsetzen darf. Abgestorbene Hautschuppen werden entfernt, die Zitrone macht frisch und munter, Rizinusöl hat eine verjüngende und rückfettende Wirkung, das Mandelöl pflegt die trockene Haut sanft. Für normale, leicht fette (statt Mandelöl evtl. Distelöl oder Bio-Kokosöl verwenden), trockene, etwas fahle und reife Haut.

Anwendung:
Das Gesicht gut anfeuchten (evtl. mit Rosenhydrolat einsprühen), mit einem Teelöffel eine kleine Menge vom Peeling nehmen und die Gesichtshaut damit sanft mit kreisenden Bewegungen massieren. Mit lauwarmem Wasser nachspülen und Haut trocken tupfen. Nachcremen nicht nötig.

Haltbarkeit:
3 Monate (bzw. maximal so lange wie die kürzeste Mindesthaltbarkeit der verwendeten Öle), kühl und dunkel lagern

Für 300 g
Zubereitung: 5 Min.
Rührdauer: 1 Min.

- 260 g feiner Zucker
- Abgeriebene Schale von 1 Bio-Zitrone oder halbe Bio-Orange
- 30 g Rizinusöl (am besten raffiniert wegen der Haltbarkeit)
- 15 g Sonnenblumen-, Distel- oder Olivenöl (für extrem trockene Haut auch Mandel- oder Jojobaöl)
- 15 Tropfen ätherisches Bergamotteöl
- 5 Tropfen Rosenholzöl (wer hat, nimmt stattdessen echtes Rosenöl für eine noch mehr antioxidative Wirkung)
- 1 g Vitamin E

1. Alle Zutaten im Mixtopf **1 Min./Stufe 2.5/Linkslauf/ohne MB** mischen, in ein Schraubglas einfüllen und verschließen.

Bei sehr empfindlich reagierender Haut sind Peelings mit Säure oder Körnern nicht geeignet. Wer Zitronenschale oder ätherische Öle nicht verträgt, lässt diese weg.

HAUTCREMES, LOTIONEN UND KUREN FÜR DAS GESICHT

Jede Haut ist individuell, daher stellt die Anwendungsempfehlung eben auch nur eine Empfehlung dar. Doch die Cremes sind die tägliche Nahrung unserer Haut und besonders wichtig. Morgens eine eher leichte Creme wählen, abends dann darf es eine reichhaltigere Pflege sein. Bitte beachten Sie, dass die Haut im Laufe der Jahreszeiten veränderte Bedürfnisse hat: Im Sommer mag sie mehr Feuchtigkeit, im kalten Winter und auch bei kühlem Wind schätzt sie mehr nahrhaftes Fett. Glänzt die Haut etwa 10 Min. nach dem Auftragen noch, nimmt man die Reste einfach mit einem Tuch ab. Bei trockener und empfindlicher Haut nur mit einem trockenen Tuch abtupfen, bei normaler und fettiger Haut darf man einen Lappen mit lauwarmem Wasser anfeuchten und die Haut damit abtupfen.

Cupuacu-Feuchtigkeitscreme

Diese Feuchtigkeitscreme eignet sich für reife, trockene und feuchtigkeitsarme, empfindliche und gereizte Haut mit Ekzemneigung.

Anwendung:
Für fette Haut und Mischhaut eher nicht oder nur als Nachtcreme bzw. als Kuranwendung für eine Gesichtsmaske (auf das gereinigte Gesicht auftragen, 10 Min. einwirken lassen, mit einem warmen feuchten Tuch abnehmen).

Haltbarkeit:
bis zu 4 Wochen (bzw. maximal so lange wie die kürzeste Mindesthaltbarkeit der verwendeten Zutaten) im Kühlschrank

Für 200 g
Zubereitung: 3 Min.
Rührdauer: 15 Min.

- 50 g Cupuacubutter
- 55 g Sheabutter
- 25 g Wildrosenöl
- 50 g Arganöl
- 1 g Vitamin E
- 40 g Rosenhydrolat, konserviert
- 2 TL flüssiger Honig

1. Die Cupuacubutter mit der Sheabutter, den Ölen und Vitamin E im Mixtopf **5 Min./37 °C/Stufe 1.5/ohne MB** schmelzen.
2. In der Zwischenzeit das Rosenhydrolat und den Honig im Wasserbad ebenfalls auf etwa 40 °C erwärmen.
3. Mixtopf **10 Min./Stufe 2.5/ohne MB** rühren, das angewärmte Hydrolat teeöffelweise durch die Deckelöffnung zu den Ölen geben und emulgieren. Mixtopf kalt stellen, dann **10 Sek./Stufe 5/mit MB** aufschlagen.
4. Creme in mehrere mit Alkohol ausgeriebene Salbendosen füllen, eventuell einen Teil davon einfrieren.

Einige Minuten vor dem Verwenden aus dem Kühlschrank nehmen, dann wird die Creme geschmeidiger, oder etwas davon zwischen den Handflächen anwärmen.

Mandelölkur

Trockene, raue und auch empfindliche Haut wird zart, weich und rosig mit dieser Gesichtspackung.

Anwendung:
Gesicht, Hals und Dekolleté reinigen und auf die noch etwas feuchte Haut die Maske mit einem Pinsel auftragen. 10–15 Min. einwirken lassen. Mit lauwarmem Wasser abspülen, nur sanft trocken tupfen. Kann mehrmals pro Woche verwendet werden. Auch als Augenkur geeignet. Dafür unter die Augenpartie streichen, auf die geschlossenen Augen ein angefeuchtetes Wattepad legen und einige Minuten lang einwirken lassen. Hilft gegen Augenfalten und Krähenfüße und regt das Wimpernwachstum an.

Haltbarkeit:
2 Monate (bzw. maximal so lange wie die kürzeste Mindesthaltbarkeit der verwendeten Zutaten), kühl und dunkel lagern

Für 100 g
Zubereitung: 4 Min.
Rührdauer: 3 Min.

70 g Mandelöl
30 g Honig
2 g Vitamin E (Tocopherol)

1. Mandelöl und Honig im Mixtopf **2 Min./37 °C/Stufe 2/ohne MB** erwärmen.
2. Vitamin E zugeben und **1 Min./Stufe 2/ohne MB** weiterrühren.
3. Öl in ein Dunkelglasfläschchen abfüllen.

Anti-Aging-Tagescreme

Reife und trockene Haut freut sich über diese reichhaltige Creme. Sie enthält eine Menge essenzieller Fettsäuren und verjüngend wirkendes Weihrauchöl.

Anwendung:
Nach der Reinigung kreisförmig eine kleine Menge davon in die Haut einmassieren. Reste nach einigen Minuten nach Wunsch mit einem Tuch abnehmen. Wem die Creme als Tagescreme zu reichhaltig ist, der kann sie als Nachtcreme verwenden. Eventuell einige Minuten vor dem Einsatz aus dem Kühlschrank nehmen, dann lässt sie sich besser verteilen.

Haltbarkeit:
bis zu 1 Monat (bzw. maximal so lange wie die kürzeste Mindesthaltbarkeit der verwendeten Zutaten) im Kühlschrank

Für 100 ml
Zubereitung: 5 Min.
Rührdauer: 13 Min.

- 25 g Kakaobutter
- 5 g Bienenwachs, gebleicht oder ungebleicht, oder Rosenwachs
- 8 g Cetearylalkohol (Emulgator)
- 75 g Rosenhydrolat, konserviert
- 4 TL Avocadoöl, raffiniert oder unraffiniert
- 12 Tropfen ätherisches Weihrauchöl

1. Kakaobutter, Bienenwachs und Cetearylalkohol im Mixtopf **5 Min./70 °C/Stufe 0.5/ohne MB** schmelzen, darauf achten, dass alles auf dem Mixtopfboden liegt.
2. In der Zwischenzeit das Rosenhydrolat im Wasserbad auf 75–80 °C erwärmen.
3. Avocadoöl in den Mixtopf geben, **3 Min./Stufe 2.5/ohne MB** rühren, dabei das erwärmte Rosenhydrolat sehr langsam durch die Deckelöffnung zugeben und mit einem weichen Spatel alles nach unten schieben. **5 Min./Stufe 2.5/ohne MB** weiterrühren, während der letzten 30 Sek. das Weihrauchöl hineintropfen.
4. Die Creme in ein mit Alkohol ausgeriebenes Salbenglas füllen.

Feuchtigkeitsspendende Nachtcreme

Eher fette, unreine Mischhaut oder normale Haut mit Neigung zu glänzen lässt sich mit dieser Creme gut versorgen, da sie Feuchtigkeit spendet und zugleich pflegt.

Anwendung:
Abends nach der Reinigung auf der feuchten Haut anwenden, eventuell nach 10 Min. mit einem trockenen oder angefeuchteten Tuch die Reste abnehmen.

Haltbarkeit:
bis zu 2 Monate (bzw. maximal so lange wie die kürzeste Mindesthaltbarkeit der verwendeten Zutaten) im Kühlschrank

Für ca. 75 g
Zubereitung: 4 Min.
Rührdauer: 24 Min.
Ausziehen: 3 Tage

- Schalenabrieb von 1 Bio-Mandarine oder halbe Bio-Orange
- 60 g Kokosöl, weich
- 10 g Bienenwachs oder Candelillawachs
- 30 g Jojoba- oder Wiesenschaumkrautöl
- 10 g flüssiger Honig

1. Mandarinen- oder Orangenschale mit dem Kokosöl in einer kleinen Schale verrühren und 3 Tage ziehen lassen. Falls das Öl nicht flüssig ist (je nach Außentemperatur), so lange in die Nähe der Heizung stellen, bis es sich verflüssigt. Öl nach dem Ziehen durch ein Sieb abgießen.
2. Bienenwachs oder Candelillawachs, Kokosöl und Jojobaöl im Mixtopf **4 Min./65 °C/Stufe 1/ohne MB** verflüssigen.
3. Honig zugeben und **ca. 20 Min./Stufe 2/ohne MB** mischen bzw. bis die Temperatur unter 37 °C gesunken ist und die Creme langsam eindickt (je nach Zimmertemperatur).
4. In saubere Cremedosen abfüllen und kühl lagern.

Spitzwegerich-Propolis-Creme

Unreine Haut mit Neigung zu Entzündungen kann mit dieser duftenden Creme, die zugleich schützt und Feuchtigkeit spendet, verbessert werden.

Anwendung:
Morgens und abends nach der Reinigung dünn auftragen, bei eher fetter Haut eventuell nur abends.

Haltbarkeit:
bis zu 2 Monate (bzw. maximal so lange wie die kürzeste Mindesthaltbarkeit der verwendeten Zutaten) im Kühlschrank

Für 100 ml
Zubereitung: 15 Min.
Rührdauer: 78 Min.
Antrocknen: über Nacht
Ausziehen: 1 Tag

- 1 kleines Büschel Spitzwegerich
- 1 MB Distelöl
- 50 g Kokosöl
- 10 g Bienen- oder Beerenwachs
- 10 g Kakaobutter
- 5 g Propolistinktur
- 10 g Aloe-Vera-Saft
- 60 g Spitzwegerichöl
- 1 TL flüssiger Honig (optional)

1. Trockenen Spitzwegerich grob in Stücke schneiden und über Nacht ausgebreitet antrocknen lassen. Danach mit dem Distelöl und dem Kokosöl in den Mixtopf geben, **60 Min./55 °C/Stufe 2/ohne MB** rühren, anschließend Vorgang wiederholen, also noch einmal **60 Min./55 °C/Stufe 2/ohne MB** rühren.
2. Das Öl in ein Glas oder eine Schüssel umschütten und 1 Tag lang abgedeckt ziehen lassen.
3. Dann durch ein Mulltuch filtern, nur leicht ausdrücken, und Öl in ein sauberes und trockenes Schraubglas oder eine Dunkelglasflasche füllen. Für die Creme 60 g abwiegen.
4. Das Wachs mit der Kakaobutter im Mixtopf **5 Min./90 °C/Stufe 1/ohne MB** erhitzen (Bienen- oder Beerenwachs nur bei 70 °C).
5. Propolistinktur zusammen mit dem Aloe-Vera-Saft in ein Gläschen geben und im Wasserbad auf etwa 70 °C erwärmen.
6. Spitzwegerichöl zum Wachs geben und **3 Min./70 °C/Stufe 2/ohne MB** rühren, bis alles geschmolzen ist.
7. Anschließend **10 Min./Stufe 2/ohne MB** rühren, dabei gleich anfangs die Propolis-Aloe-Vera-Mischung und den Honig, wenn gewünscht, teelöffelweise durch die Deckelöffnung zugeben.
8. Bevor die Creme zu fest wird, in ein oder zwei saubere Cremedöschen füllen und erstarren lassen, dann verschließen.

Nach derselben Rezeptur lässt sich auch mit Lavendelblüten, Kamille, Ringelblume oder Schafgarbe (ganzes Kraut) eine Creme bzw. ein Auszugsöl für fette, unreine Haut herstellen. Als Auszugsmittel wird Traubenkernöl empfohlen.

Shea-Sahne

Mit Fett gegen Fett? Klingt komisch, hilft aber in vielen Fällen, einfach mal ausprobieren! Oft wird gerade die fettige Haut unterversorgt – hochwertige Öle schleusen die Wirkstoffe in die tieferen Hautschichten und können somit reparieren und regenerieren. Sheabutter ist sehr reichhaltig, enthält aber auch Allantoin, Kokosöl spendet Feuchtigkeit und zieht schnell ein, Rosenölauszug beruhigt und klärt die gestresste Haut.

Anwendung:
Abends auf die gereinigte Haut dünn auftragen und leicht einmassieren.

Haltbarkeit:
bis zu 3 Monate (bzw. maximal so lange wie die kürzeste Mindesthaltbarkeit der verwendeten Zutaten)

Für ca. 250 ml
Zubereitung: 3 Min.
Rührdauer: 10 Min.
Kühlzeit: 2–3 Stunden

10 g Bienenwachs (alternativ 5 g Beeren-, Rosen- oder Mimosenwachs), gebleicht oder ungebleicht
50 g Bio-Kokosöl
1 g Vitamin E
50 g Rosenblüten-Ölauszug (z.B. in Mandelöl)
20 g Sheabutter

1. Bienenwachs mit dem Kokosöl und dem Vitamin E im Mixtopf **5 Min./ 65 °C/Stufe 0.5/ohne MB** verflüssigen (darauf achten, dass kein Wachs auf dem Messer liegen bleibt und alles schmilzt.
2. Sheabutter in den Mixtopf geben und **3 Min./Stufe 1.5/ohne MB** rühren.
3. Den Rosenölauszug und Sheabutter in den Mixtopf geben und **3 Min./ Stufe 1.5/ohne MB** rühren, bis alles geschmolzen ist. .
4. Die eingedickte Creme in eine Schale umfüllen und im Kühlschrank fest werden lassen.
5. Nach 2 bis 3 Stunden mit einem Pürierstab oder Handrührgerät nochmals sahnig aufschlagen. In ein mit Alkohol desinfiziertes Cremetöpfchen abfüllen.

Feines Veilchenöl

Empfindliche, leicht gereizte Haut mit einer Neigung zu Hektikflecken und auch reife, anspruchsvolle Haut lässt sich gerne mit dieser fein duftenden Pflege verwöhnen. Zur Faltenpflege ebenfalls geeignet.

Anwendung:
Regelmäßig einige Tropfen sanft in die gereinigte, noch feuchte Haut einmassieren, dabei auch Hals und Dekolleté nicht vergessen.

Haltbarkeit:
4–6 Monate (bzw. maximal so lange wie die kürzeste Mindesthaltbarkeit der verwendeten Zutaten), kühl lagern

Für knapp 200 ml
Zubereitung: 3 Min.
Rührdauer: 45 Sek.
Ausziehen: 2 Wochen

1 Handvoll frische Veilchenblüten
100 g Jojoba- oder Wiesenschaumkrautöl
100 g Mandelöl
10 Tropfen ätherisches Lavendelöl
2 g Vitamin E (Tocopherol)

1. Die trockenen (aber nicht getrockneten) Veilchen in ein Schraubglas schichten und mit dem Jojobaöl auffüllen. Nur mit einem Tuch abgedeckt an einem eher kühlen Platz 2 Wochen ausziehen. Dann durch ein Tuch filtern, dabei nicht auspressen, damit keine Flüssigkeit in das Öl gelangt.
2. Das Veilchenblütenöl mit den restlichen Zutaten in den Mixtopf schütten und **45 Sek./Stufe 2/ohne MB** mischen.
3. Das Öl in eine dunkle Flasche, am besten mit Tropfpipette, füllen und kühl lagern.

Mandel-Hautmilch für empfindliche Haut

Zu Hautberuhigung und Pflege. Der Essig regeneriert den Säureschutzmantel der Haut. Auch für sehr junge Kinderhaut oder im Sommer für die leichte Pflege geeignet.

Anwendung:
Zweimal täglich nach der Reinigung etwas davon auf einen Wattebausch geben und Gesicht, Hals und Dekolleté damit einstreichen. Trocknen lassen und eventuell anschließend zusätzlich eincremen.

Haltbarkeit:
3 Wochen im Kühlschrank

Für 350 ml
Zubereitung: 5 Min.
Rührdauer: 6 Min.

100 g ungeschälte Mandeln
1 MB destilliertes Wasser
0,5 MB Weißwein- oder Apfelessig
2 MB Rosenhydrolat
35 Tr. Biokons Plus

1. Mandeln im Mixtopf **10 Sek./Stufe 10/mit MB** zerkleinern und mit dem Spatel nach unten schieben.
2. Wasser zufügen und **5 Min./Varoma/Stufe 3/mit MB** kochen.
3. Essig zufügen und **20 Sek./Stufe 10/mit MB** fein mixen.
4. Mischung durch ein feines Sieb oder einen Nussmilchbeutel filtern, Rückstand fest auspressen.
5. Rosenhydrolat und Biokons zur Flüssigkeit geben, Hautmilch in eine desinfizierte Flasche abfüllen und gut durchschütteln.
6. Vor dem Verwenden immer aufschütteln.

Kurkompresse für unreine Haut

Akne und unreine Haut im Gesicht, aber auch auf Brust und Rücken können bei regelmäßiger Anwendung durch diese einfache Kompresse gelindert werden.

Anwendung:
Am besten drei- bis viermal pro Woche durchführen, eventuell sogar öfter. Ein Tuch mit dem Sud tränken, auf dem gereinigten Gesicht ausbreiten und 10–15 Min. einwirken lassen. Danach die Haut trocknen lassen und anschließend eincremen.

Haltbarkeit:
maximal 1 Woche im Kühlschrank

Für 3 Anwendungen
Zubereitung: 2 Min.
Rührdauer: 15 Min.

1 EL Himbeerblättertee
300 g destilliertes Wasser
50 g Apfelessig
1 EL pflanzliches Glyzerin oder Honig

1. Teeblätter, Wasser und Apfelessig im Mixtopf **15 Min./100 °C/Stufe 3/mit MB** erhitzen.
2. Durch ein Sieb filtern, Glyzerin oder Honig in der Flüssigkeit auflösen und alles abkühlen lassen.

Gurken-Mandel-Schüttellotion

Zur Beruhigung und pflegenden Regeneration strapazierter und gereizter Haut zum Beispiel nach einem intensiven Sonnenbad oder durch die trockene Heizungsluft im Winter.

Anwendung:
Die gereinigte Haut (Gesicht, Hals, Dekolleté) damit morgens und abends mithilfe eines Wattepads betupfen oder bei Bedarf zwischendurch aufsprühen. Leicht einklopfen, zieht schnell ein. Vor dem Entnehmen oder Sprühen Lotion gut durchschütteln.

Haltbarkeit:
1–2 Wochen im Kühlschrank

Für 200 ml
Zubereitung: 5 Min.
Rührdauer: 1 Min.

halbe Bio-Zitrone (ca. 50 g)
130 g Bio-Gurke, gewaschen, mit Schale, in Stücken
80 g Bio-Karotte, gewaschen, mit Schale, in Stücken
10 g Mandelöl (alternativ 10 g Olivenöl)
10 g pflanzliches Glyzerin
40 g Schnaps, 40 Vol.-% (für die Haltbarkeit)

1. Zitrone, Gurke und Karotte im Mixtopf **10 Sek./Stufe 10/mit MB** zerkleinern, mit dem Spatel nach unten schieben und Vorgang wiederholen.
2. Mischung durch einen Nussmilchbeutel oder ein Küchentuch filtern. Mixtopf spülen.
3. Glyzerin mit dem Schnaps im Messbecher verrühren. 160 g vom Saft zusammen mit dem Mandelöl und der Glyzerinmischung in den Mixtopf geben und **30 Sek./Stufe 5/mit MB** mischen.
4. Lotion in ein Fläschchen oder eine Sprühflasche abfüllen.

Achtung: Die enthaltene Karotte färbt ganz leicht, daher ist die Lotion für sehr helle Haut nicht geeignet. Beim Einsprühen auf die Kleidung achten!

Für die eher fettige Mischhaut das Mandelöl durch Jojoba-, Wiesenschaumkraut- oder Distelöl ersetzen.

Kaiserin Sisis Veilchenessig

Bereits Elisabeth von Österreich-Ungarn, liebevoll Sisi genannt, wusste ihre legendäre Schönheit zu erhalten. Eines ihrer besonders geliebten Schönheitsrezepte war der duftende Veilchenessig.

Anwendung:
Man kann ihn wie ein Gesichtswasser verwenden oder auch als Duftwasser und Erfrischung der Haut zwischendurch. Dafür den Veilchenessig im Verhältnis 1:4 mit destilliertem Wasser verdünnen. Immer nur die Menge anmischen, die in den nächsten 1–2 Wochen benötigt wird.

Haltbarkeit:
12 Monate, kühl und dunkel lagern (Konzentrat)

Für ca. 300 ml
Zubereitung: 2 Min.
Rührdauer: 60 Min.
Ausziehen: 1–3 Wochen

50–80 g Duftveilchen, frisch (je nachdem, wie viel man zur Verfügung hat)
3 MB Apfelessig

1. Die Veilchen mit dem Essig im Mixtopf **60 Min./Stufe 1/mit MB** rühren. Dann in ein Schraubglas umfüllen und für bis zu 3 Wochen an einen dunklen Ort stellen.
2. Danach durch ein Tuch filtern und den Veilchenessig in eine Flasche mit Kunststoffdeckel abfüllen.

Wildrosen-Lippenpflege

Pflegt trockene Lippen wieder weich und spendet Feuchtigkeit.

Haltbarkeit:
3–4 Monate (bzw. maximal so lange wie die kürzeste Mindesthaltbarkeit der verwendeten Zutaten)

Für 2 Lippenstifte oder 1–2 Döschen
Zubereitung: 1 Min.
Rührdauer: 5 Min.

8 g Mimosenwachs, Rosen- oder Bienenwachs
5 g Kakaobutter
9 g Wildrosenöl
10 Tropfen Rizinusöl (wenn vorhanden)
2 Lippenstifthülsen oder 1–2 Lippenbalsamdosen

1. Mimosenwachs klein schneiden. Mit den restlichen Zutaten in den Mixtopf geben und **5 Min./65 °C/Stufe 1.5/ohne MB** schmelzen. Zwischendurch kontrollieren, ob auch alles Wachs im Öl liegt, damit es schmelzen kann.
2. Behutsam in die sauberen Lippenstifthülsen bzw. Lippenbalsamdosen abfüllen und erhärten lassen, dann erst verschließen.

Wer mag, färbt das geschmolzene Öl mit 1-2 Prisen Rote-Bete-Pulver oder Backkakao ein. Gut vermischen, dann abfüllen. Nach Geschmack kann man auch 1-2 Tropfen ätherisches Zitronen-, Orangen- oder Minzöl vor dem Einfüllen mit dem geschmolzenen Öl verrühren.

Leiden Sie oft unter Lippenherpes oder -bläschen? Dann 3 Tropfen reines ätherisches Melissenöl hinzufügen.

GESICHTSWASSER

Nach der Reinigung kommt sowohl morgens als auch abends das Gesichtswasser dran (muss aber nicht). Es soll erfrischen oder, je nach Rezept, die Haut pflegen bzw. bei speziellen Problemen helfen. Entweder einsprühen oder etwas davon auf ein Wattepad geben und die Haut damit abreiben. Einfach eintrocknen lassen, denn es verbleibt auf der Haut. Oft ist Zitronensaft oder Essig ein Bestandteil, um den natürlichen Säureschutzmantel wiederherzustellen und die Hautbarrierefunktion zu stärken.

Frühlingsblütenwasser

Ein sanft reinigendes, mild duftendes Gesichtstonikum lässt sich aus den Blütenblättern der Tulpe sowie den Blüten und Knospen der Kirsche herstellen. Es pflegt, befeuchtet, und der Alkohol desinfiziert. Geeignet für normale und leicht trockene Haut.

Anwendung:
Nach der Reinigung einige Tropfen auf ein Wattepad geben und Gesicht und Hals damit sanft abreiben. Auch für zwischendurch zum Besprühen als Erfrischung.

Haltbarkeit:
3–5 Monate, dunkel und kühl lagern

Für 250 ml
Zubereitung: 3 Min.
Rührdauer: 61 Min.

- 25 g Tulpenblütenblätter (unbehandelt, am besten aus dem Garten)
- 20 g Kirschblüten und -knospen (mit den leicht klebrigen Blattansätzen)
- 1,5 MB destilliertes Wasser in Lebensmittelqualität
- 1 MB Wodka, 40 Vol.-%
- 2 EL Zitronensaft
- 1 EL pflanzliches Glyzerin (optional)
- 2–3 Tropfen ätherisches Rosenholzöl (alternativ Lavendel fein)

1. Alle Zutaten in den Mixtopf geben und **15 Sek./Stufe 9/mit MB** zerkleinern.
2. Danach **60 Min./37 °C/Stufe 3/mit MB** rühren.
3. Mischung durch ein Tuch oder einen Kaffeefilter abgießen und in eine Sprühflasche füllen.

Statt der verwendeten Tulpenblätter und Kirschblüten eignen sich auch Lavendelblüten, Melisse, Minze, Ringelblumenblütenblätter (ohne Kelch!), Kamillenblüten, Schafgarbe, Frauenmantelblätter und -blüten, Gänseblümchenblüten und -blätter.

Apfelessig-Kräuter-Tonic für fettige Haut

Apfelessig desinfiziert und erneuert den natürlichen Säuremantel der Haut, Hibiskusblüten besitzen natürliche Wirkstoffe (AHAs), welche die Zellerneuerung anregen und die alten Hautschuppen entfernen, Honig hilft bei der Feuchtigkeitsregulierung der Haut. Lavendel wirkt entzündungshemmend und beruhigend. Das Kräutertonikum ist auch geeignet bei unruhiger Aknehaut.

Anwendung:
Morgens und abends mit einem Wattebausch etwas von dem angerührten Tonikum auf das Gesicht auftragen und trocknen lassen.

Haltbarkeit:
bis zu 12 Monate (Konzentrat); 3 Wochen (anwendungsfertige Verdünnung); dunkel und kühl lagern

Für 250 ml
Zubereitung: 5 Min.
Rührdauer: 60 Min.
Ausziehen: über Nacht

3 MB Bio-Apfelessig
0,5 MB destilliertes Wasser
15 g Lavendelblüten
5 g Hibiskusblüten
30 g Blütenhonig

1. Essig, Wasser und Kräuter in den Mixtopf geben und **60 Min./60 °C/ Stufe 2/ohne MB** rühren. In ein Glas- oder Kunststoffgefäß umschütten und abgedeckt über Nacht ziehen lassen. Danach den Honig einrühren und darin auflösen (eventuell für 1 Std. neben die Heizung oder in die warme Sonne stellen, wenn er sich schlecht lösen sollte).
2. Die Mischung durch ein feines Tuch oder einen Kaffeefilter filtern (Vorsicht, der Hibiskus färbt dauerhaft ab!).
3. Dieses Konzentrat wird bei Bedarf jeweils im Verhältnis 1:5 mit destilliertem Wasser oder Hydrolat verdünnt immer frisch in ein Fläschchen abgefüllt.

Wer es gut verträgt, kann der Mixtur noch 10 Tropfen ätherisches Teebaumöl zugeben. Vor dem Gebrauch aufschütteln.

Zitronenlotion für unreine Haut

Dieses fein duftende Gesichtswasser wirkt porenverfeinernd, desinfizierend und hautreinigend. Es kann wegen seiner aufhellenden Wirkung auch gegen Altersflecken und Sommersprossen versucht werden.

Anwendung:
Nach der Reinigung etwas Lotion auf einen Wattebausch geben und auf die Haut auftragen, Augenpartie dabei aussparen. Danach eine leichte Feuchtigkeitspflege verwenden. Wer eine sehr empfindliche Haut hat, kann die Lotion auch nur ein paar Minuten lang einwirken lassen und sie dann am besten mit entkalktem Wasser wieder abnehmen.

Haltbarkeit:
4–6 Wochen im Kühlschrank

Für 200 ml
Zubereitung: 5 Min.
Rührdauer: 66 Min.

3 Bio-Zitronen
10 g Kamillenblüten, getrocknet
1 MB Trinkalkohol, 40 Vol.-%
15 g Bio-Kokosöl
1 MB Hamameliswasser (alternativ Orangenblütenwasser)

1. Zitronen heiß abwaschen, abtrocknen und vierteln.
2. Mit den Kamillenblüten im Mixtopf **10 Sek./Stufe 10/mit MB** zerkleinern, mit dem Spatel nach unten schieben und Vorgang wiederholen.
3. Trinkalkohol zufügen und alles **60 Min./Stufe 3/mit MB** rühren.
4. Kokosöl zugeben und **5 Min./37 °C/Stufe 2/mit MB** schmelzen.
5. Mischung durch ein feines Sieb oder einen Nussmilchbeutel filtern. Flüssigkeit mit dem Hamameliswasser oder dem Orangenblütenwasser verrühren und in eine desinfizierte Flasche abfüllen.

Kräutertonikum

Die Blütenblätter der Ringelblume beruhigen empfindliche und gereizte Haut, Salbei strafft und verfeinert die Poren, Rosmarin belebt, desinfiziert sanft und soll die Heilung anregen. Glyzerin durchfeuchtet die Haut, Alkohol trocknet zwar die Haut schnell aus, sorgt aber auch für die Reinigung, bekämpft Bakterien und macht das Tonikum lange haltbar. Wer extrem trockene Haut hat, löst noch 15 g Urea im destillierten Wasser auf und gibt es dazu.

Anwendung:
Morgens und abends mit einem Wattebausch auf die gereinigte Haut auftragen oder aufsprühen. Trocknen lassen und mit der gewohnten Pflege behandeln.

Haltbarkeit:
3–4 Monate kühl und dunkel lagern

Für 250 ml
Zubereitung: 5 Min.
Rührdauer: 81 Min.

- 10 g Ringelblumenblütenblätter (ohne Kelch!), getrocknet, oder 25 g frisch
- 10 g Salbeiblätter, getrocknet, oder 20 g frisch
- 20 g Rosmarinnadeln, frisch
- 100 g destilliertes Wasser in Lebensmittelqualität
- 1,5 MB Wodka oder Doppelkorn, 40 Vol.-%
- 20 g pflanzliches Glyzerin

1. Die Kräuter in den Mixtopf geben und **10 Sek./Stufe 10/mit MB** zerkleinern, mit einem Pinsel nach unten schieben und Vorgang wiederholen.
2. Destilliertes Wasser zugießen und alles **60 Min./60 °C/Stufe 3/mit MB** erhitzen. Danach **20 Min./Stufe 4/mit MB** rühren.
3. Wodka oder Doppelkorn und Glyzerin während der letzten Minute durch die Deckelöffnung zufügen.
4. Mischung durch ein feines Sieb abgießen, dann durch ein Tuch klar filtern und am besten in eine Dunkelglasflasche abfüllen.

Für eine noch kräftigere Wirkung setzt man 1 Handvoll Ringelblumenblütenblätter bereits 36-48 Std. vorher mit dem destillierten Wasser in einer Flasche oder einem Glas an, filtert es und verwendet den Auszug dann statt dem puren destillierten Wasser.

Beruhigendes Kamillen-Rosen-Gesichtswasser

Zum Einsprühen der Haut, alternativ mithilfe eines Wattepads auftragen. Wer sehr empfindliche Haut hat, sprüht das Gesichtswasser auf ein mit Wasser oder Hydrolat angefeuchtetes Wattepad.

Anwendung:
Nach der Reinigung morgens und abends oder auch zwischendurch zur beruhigenden Pflege sensitiver, reifer und trockener Haut.

Haltbarkeit:
1–2 Monate

Für 250 ml
Zubereitung: 3 Min.
Rührdauer: 60 Min.
Ausziehen: über Nacht

10 g getrocknete Kamillenblüten
1,5 MB Trinkalkohol, 40 Vol.-%
2 EL Zitronensaft
10 g Urea (alternativ 5 g Glyzerin oder 10 g Honig)
1,5 MB Rosenhydrolat , konserviert

1. Die Kamille mit dem Trinkalkohol und dem Zitronensaft in eine Schüssel geben und zugedeckt über Nacht ansetzen.
2. Am nächsten Tag in den Mixtopf füllen und **60 Min./70 °C/Stufe 3/ mit MB** rühren.
3. Dann durch ein Tuch oder einen Kaffeefilter klar filtern.
4. Urea oder Glyzerin bzw. Honig in der Flüssigkeit auflösen, Rosenhydrolat dazugeben, mischen und Gesichtswasser in eine Flasche abfüllen.

Rosenblüten-Lavendel-Tonikum

Reife und empfindliche Haut lässt sich mit diesem schnell hergestellten Tonikum wunderbar pflegen, beruhigen und straffen. Doch es eignet sich im Grunde für alle Hauttypen.

Anwendung:
Einfach auf ein Wattepad geben und Gesicht und Hals damit nach der Grundreinigung gründlich abreiben.

Haltbarkeit:
bis zu 3 Monate im Kühlschrank

Für 250 ml
Zubereitung: 3 Min.
Rührdauer: 46 Min.
Ausziehen: über Nacht

- 2 EL frische Rosenblütenblätter ohne Blütenkelch (Duftrose oder Heckenrose), oder 1 gehäufter EL getrocknet
- 1,5 MB Lavendelhydrolat, konserviert (Lavendelwasser)
- 1–2 EL Honig
- 1 MB Weinbrand, 40 Vol.-% (für längere Haltbarkeit)
- 1 EL Zitronensaft

1. Rosenblütenblätter und Lavendelhydrolat über Nacht im Mixtopf ansetzen.
2. Am nächsten Tag **45 Min./37 °C/Stufe 3/mit MB** rühren.
3. Honig hinzufügen und **1 Min./Stufe 3/mit MB** rühren.
4. Weinbrand und Zitronensaft während der letzten 15 Sek. durch die Deckelöffnung zufügen.
5. Mischung durch ein Tuch oder einen Nussmilchbeutel filtern und Tonikum in eine desinfizierte Flasche abfüllen.

Gurken-Minze-Tonikum mit Aloe-Vera-Saft

Gurke und auch Minze erfrischen, kühlen, beruhigen und normalisieren leichten Fettüberschuss.

Anwendung:
Das Tonikum entweder nach der Reinigung, zwischendurch als Frischekick, bei Hautunreinheiten oder nach einem Sonnenbrand zusätzlich zur nachfolgenden Sonnenbrandbehandlung einfach aufsprühen.

Haltbarkeit:
maximal 3 Tage im Kühlschrank

Für ca. 200 ml
Zubereitung: 2 Min.
Rührdauer: 1 Min.

200 g frische Salatgurke, am besten Bio-Ware
5 Stängel Pfefferminze
50 g Aloe-Vera-Saft
1 TL flüssiger Honig

1. Die Gurke waschen und in Stücke schneiden. Minze waschen, gut ausschütteln, grob schneiden. Beides im Mixtopf **10 Sek./Stufe 10/mit MB** zerkleinern, mit dem Spatel nach unten schieben und Vorgang wiederholen.
2. Aloe-Vera-Saft und Honig zufügen, **30 Sek./Stufe 4/mit MB** mischen. Anschließend Mischung durch einen Nussmilchbeutel oder ein sauberes Küchenhandtuch filtern und gut ausdrücken.
3. Das so gewonnene Tonikum am besten in eine vorher desinfizierte Sprühflasche abfüllen.

FRISCHKOSMETIK-MASKEN

Die meisten dieser Masken und Kurpasten werden aus einfachen Lebensmitteln zusammengemischt, die man oft sowieso zu Hause hat. Doch so schnell hergestellt und preiswert sie auch sein mögen, Sie werden sicherlich begeistert sein. Die Masken stehen den meisten käuflich zu erwerbenden Gesichtsmasken in nichts nach und verursachen ein herrliches Hautgefühl. Und das komplett ohne Farbstoffe, Konservierungsmittel oder sonstige Chemie.

Himbeermaske

Bei sensitiver, zu Trockenheit neigender Haut und kleinen Fältchen. Befeuchtet intensiv, erfrischt und beruhigt.

Anwendung:
Auf das gereinigte Gesicht, Hals und Dekolleté auftragen, dabei Augenpartie aussparen. Nach 20 Min. mit einem durchfeuchteten Tuch abnehmen. Anschließend Haut wie gewohnt eincremen.

Haltbarkeit:
2 Tage im Kühlschrank

Für 1–2 Anwendungen
Zubereitung: 2 Min.
Rührdauer: 1 Min.

50 g frische Himbeeren
1 EL flüssiger Honig
30 g griechischer Joghurt (10 % Fett)
1 EL Mehl

1. Alle Zutaten im Mixtopf **30 Sek./Stufe 9/mit MB** zerkleinern, mit dem Spatel nach unten schieben und Vorgang wiederholen, bis eine streichfähige Paste entsteht.

Gurken-Joghurt-Maske

Diese einfache Hautkur kühlt, beruhigt, strafft, nährt, belebt und durchfeuchtet die Haut.

Anwendung:
Auf die gereinigte Haut auch im Dekolleté- und Halsbereich mit einem Pinsel auftragen und 15 Min. lang einwirken lassen. Mit einem feuchten Tuch abnehmen und Haut wie gewohnt eincremen.

Haltbarkeit:
2 Tage im Kühlschrank

Für 1 Anwendung
Zubereitung: 2 Min.
Rührdauer: 1 Min.

100 g Bio-Gurke, gewaschen und in Stücken (ungeschält)
50 g Naturjoghurt (3,5 % Fett)
25 g Weizen- oder Maisstärke

1. Die Gurke im Mixtopf **10 Sek./Stufe 10/mit MB** zerkleinern und mit dem Spatel nach unten schieben.
2. Joghurt und Stärke zugeben und alles **20 Sek./Stufe 4/mit MB** zu einer cremigen Masse mixen.

Straffende Apfelmaske mit Honig

Für eine erholte, straffe und frisch aussehende Haut.

Anwendung:
Für Gesicht, Hals und Dekolleté. Auf die gereinigte Haut auftragen, dabei Augenpartie aussparen.

Haltbarkeit:
2 Tage im Kühlschrank

Für 1–2 Anwendungen
Zubereitung: 2 Min.
Rührdauer: 1 Min.

1 EL Haferflocken
1 Bio-Apfel, ohne Kerngehäuse, in Stücken
1 EL flüssiger Honig
1 EL Mandelöl

1. Haferflocken im Mixtopf **10 Sek./Stufe 10/mit MB** mahlen.
2. Den Apfel zugeben und **10 Sek./Stufe 10/mit MB** zerkleinern, mit dem Spatel nach unten schieben.
3. Restliche Zutaten zugeben und **20 Sek./Stufe 4/mit MB** mischen.

Wer zu fettiger Haut neigt, verwendet nur 1 TL Öl.

Bananen-Quark-Feuchtigkeitsmaske

Eine feine Pflege für normale, feuchtigkeitsarme und fette Haut.

Kardamom enthält entzündungshemmende ätherische Öle. In Bananen finden sich viele Mineralstoffe wie Kalium, Magnesium und Kalzium und befeuchtende sowie beruhigend wirkende Substanzen.

Anwendung:
Auf das gereinigte und abgetrocknete Gesicht, Hals, Dekolleté, Hände und Füße auftragen. 10–15 Min. einwirken lassen. Augenpartie und Haaransatz dabei aussparen. Mit einem feuchten Waschlappen abnehmen.

Haltbarkeit:
2 Tage im Kühlschrank

Für 3–4 Anwendungen
Zubereitung: 1 Min.
Rührdauer: 1 Min.

100 g reife Banane, geschält
1 EL Zitronensaft
50 g Magerquark
1 Prise gemahlener Kardamom

1. Die Banane mit dem Zitronensaft im Mixtopf **5 Sek./Stufe 8/mit MB** mixen, mit dem Spatel nach unten schieben und Vorgang wiederholen.
2. Quark und Kardamom zugeben, **10 Sek./Stufe 4/mit MB** mischen.

Kartoffel-Tonerde-Maske

Fettige, unreine und großporige Haut wird schön frisch und rein durch die regelmäßige Behandlung mit dieser Packung.

Anwendung:
Auf das gereinigte Gesicht und betroffene Stellen auftragen und einwirken lassen, bis die Masse fest geworden ist. Danach mit den Fingern leicht abrubbeln (nur wenn die Haut nicht sehr empfindlich oder entzündet ist). Reste mit einem feuchten Waschlappen abnehmen. Anschließend Haut eincremen. Etwa zweimal pro Woche anwenden.

Haltbarkeit:
2 Tage im Kühlschrank

Für 1–2 Anwendungen
Zubereitung: 3 Min.
Rührdauer: 1 Min.

100 g Bio-Kartoffel, gewaschen, in Stücken
1 EL Zitronensaft
1 EL weiße Tonerde

1. Die Kartoffel im Mixtopf **10 Sek./Stufe 10/mit MB** zerkleinern und mit dem Spatel nach unten schieben.
2. Zitronensaft und Tonerde zufügen und **30 Sek./Stufe 3/mit MB** mischen.

Packung gegen Tränensäcke und müde Augen

Wer durch Überarbeitung oder aufgrund von zu langen Nächten unter Tränensäcken oder Augenringen leidet, kann sich mit dieser Kompresse helfen.

Kartoffeln enthalten einen hohen Anteil an Vitamin C und B sowie Mineralstoffe, Spurenelemente und Eiweiße, die die Haut nähren und erfrischen.

Anwendung:
Zwei Augenkompressen oder Wattepads mit dem Saft tränken, etwas ausdrücken, sodass nichts tropft, und für 10 Min. auf die geschlossenen Lider legen.

Haltbarkeit:
1 Tag, frisch verwenden

Für 1 Anwendung
Zubereitung: 2 Min.
Rührdauer: 1 Min.

100 g Bio-Kartoffel

1. Die Kartoffel gut abwaschen, trocknen und in grobe Stücke schneiden.
2. Im Mixtopf **10 Sek./Stufe 10/mit MB** zerkleinern, mit dem Spatel nach unten schieben und Vorgang wiederholen.
3. Das Ganze dann durch einen Nussmilchbeutel oder ein Küchentuch filtern und gut auspressen. Gewonnenen Kartoffelsaft sofort verwenden. Den Kartoffelpressrückstand kann man übrigens auch als Peeling verwenden (ebenfalls sofort).

Reste wegen eventueller Verkeimung bitte nicht aufbewahren, sie können aber als Verdauungstrank verwendet werden.

Petersilienmaske mit Joghurt

Normale oder zu Fleckenbildung neigende empfindliche Haut entspannt sich mit dieser frischen Maske, wird gereinigt und mit wertvollen Nährstoffen versorgt.

Anwendung:
Auf dem gereinigten Gesicht und nach Wunsch auch Dekolleté, Hals und Rücken großzügig mit einem Pinsel auftragen und 15–20 Min. einwirken lassen. Dann mit einem feuchten Tuch abnehmen.

Haltbarkeit:
2 Tage im Kühlschrank

Für 1–2 Anwendungen
Zubereitung: 2 Min.
Rührdauer: 1 Min.

1 kleines Bund Petersilie
halber Becher Sahnejoghurt griechischer Art
1 EL Dinkelmehl
1 EL flüssiger Honig (optional)

1. Petersilie abwaschen und trocken schütteln. Mit den Stielen grob in den Mixtopf hineinschneiden. **5 Sek./Stufe 6/mit MB** zerkleinern, mit dem Spatel nach unten schieben und Vorgang wiederholen.
2. Joghurt, Dinkelmehl und Honig zufügen und **20 Sek./Stufe 4/mit MB** mischen.

SÄUBERN UND ZUGLEICH ENTSPANNEN: DUSCHE UND BADEWANNE

Nach einem langen Arbeitstag stellen Bad und Dusche gern eine Oase der Erholung dar. Mit einem milden Badezusatz, einer cremigen Badebombe oder dem Luxusbadezusatz lässt man Mühe und Ärger schnell hinter sich. Denken Sie da ruhig auch an Ihre Freundinnen und Freunde, die sich über ein derartiges Präsent sicherlich ebenfalls freuen …

Flüssige Kastilienseife

Die hauptsächlich aus Olivenöl bestehende Savon de Marseille wird auch heute noch nach traditionellen Verfahren hergestellt. Sie kann trockene Haut mit Feuchtigkeit versorgen. Da diese Seife in Blocks verkauft wird, die besonders anfangs sehr unhandlich sind, ist die Auflösung und Verdünnung als sogenannte Kastilienseife nicht nur preiswert, sondern auch praktisch.

Anwendung:
Man kann sie direkt als Handwaschseife oder statt Duschgel verwenden oder zu natürlichen Shampoos weiterverarbeiten.

Haltbarkeit:
3–4 Monate, kühl und dunkel lagern

Für etwa 600 ml
Zubereitung: 3 Min.
Rührdauer: 6 Min.

160 g Savon de Marseille (72 % Olivenölanteil)
600 g destilliertes Wasser in Lebensmittelqualität
60 Tr. Biokons Neo (120 Tr. für längere Haltbarkeit)

1. Die Seife in grobe Stücke schneiden und im Mixtopf **15 Sek./Stufe 8/ mit MB** (festhalten!) zerkleinern.
2. Wasser im Wasserkocher zum Kochen bringen und auf etwa 80 °C abkühlen lassen. Zu den Seifenraspeln geben, **5 Min./Stufe 1.5/mit MB** auflösen. Bei unter 40 Grad das Biokons unterrühren. Seifenwasser in Flaschen abfüllen und entsprechend den Angaben in den jeweiligen Rezepten weiterverarbeiten.

Flüssige Olivenöl-Lorbeer-Seife

Die pflanzliche Aleppo-Seife wird bereits seit Jahrhunderten in Syrien hergestellt, seit einigen Jahren auch bzw. zumeist in der Türkei. Sie pflegt die Haut, hat leicht rückfettende Eigenschaften und eignet sich gut bei empfindlicher und trockener Problemhaut (Gesicht und Körper). Als Rasierseife kann man sie ebenfalls verwenden. Doch der feste Seifenblock hat (wie auch bei der Marseiller Seife) einen entscheidenden Nachteil: Er lässt sich relativ schlecht handhaben, rutscht schnell aus der Hand und ist zumindest anfangs noch zu groß für die meisten Hände. Deshalb, und weil man sie viel angenehmer nutzen kann (und sie sich so auch für Shampoos bzw. Haarseifen einsetzen lässt), verflüssigen wir sie ganz einfach und unkompliziert im Thermomix®. Sparsam verwenden, Aleppo-Seife ist nicht nur teuer, sondern erfreulicherweise auch sehr ergiebig.

Anwendung:
Diese Flüssigseife ist sehr konzentriert, man benötigt nur wenig davon. Als Handwaschseife oder zum Duschen gut geeignet.

Haltbarkeit:
3–4 Monate, kühl und dunkel lagern

Für 500 ml
Zubereitung: 2Min.
Rührdauer: 6 Min.

135 g Aleppo-Seife (85 % Olivenöl, 15 % Lorbeeröl)
500 g destilliertes Wasser
50 Tr. Biokons Neo (100 Tr. für längere Haltbarkeit)

1. Seifenblock halbieren und in den Mixtopf geben, **15 Sek./Stufe 8/mit MB** (festhalten!) hacken.
2. Das Wasser im Wasserkocher zum Kochen bringen und auf etwa 80 °C abkühlen lassen.
3. Zu den Seifenflocken schütten und **5 Min./Stufe 1.5/mit MB** auflösen.
4. Seife auf unter 40 Grad abkühlen lassen und das Biokons einrühren, dann in Flaschen abfüllen.

Pflegende Badebomben

Die üblicherweise sehr teuren Badebomben lassen sich im Thermomix® schnell und preisgünstig herstellen. Man kann sie auch ohne Emulgator zubereiten, dann hat man allerdings mehr Ölrückstand in der Badewanne (Achtung, rutschig!).

Anwendung:
Je nach Größe der Formen, die man sich aussucht, braucht man pro Vollbad 1–3 Bomben oder Bömbchen. Die Badewanne anschließend gründlich reinigen.

Haltbarkeit:
bis zu 4 Monate (bzw. maximal so lange wie die kürzeste Mindesthaltbarkeit der verwendeten Zutaten), dunkel, kühl und trocken lagern

Für ca. 10 Vollbäder, je nach Form
Zubereitung: 5 Min.
Rührdauer: 11 Min.
Aushärten: 2 Std.

250 g Natron
120 g Zitronensäure, kristallin bzw. Pulver
65 g Speisestärke
65 g Magermilchpulver
50 g Kakaobutter
30 g Bio-Kokosöl, nach Belieben raffiniert
10 g Fluidlecithin BE (Emulgator)
30 Tropfen ätherisches Öl nach Wahl (z. B. Bergamotte, Grapefruit, Rosengeranie)
1 EL getrocknete Blüten oder Blätter (Lavendel, Rose, Minze etc.; optional)
Silikonformen nach Wahl

1. Natron, Zitronensäure, Speisestärke und Milchpulver in den (absolut trockenen!) Mixtopf geben und **1 Min./Stufe 4/mit MB** mischen, dann in eine Schüssel umfüllen.
2. Kakaobutter und Kokosöl im Mixtopf 7 **Min./37 °C/Stufe 1/ohne MB** verflüssigen.
3. Fluidlecithin zufügen und **20 Sek./Stufe 3/ohne MB** mischen.
4. Die trockenen Substanzen aus der Schüssel nun löffelweise durch die Deckelöffnung zugeben, während der Mixtopf **2 Min./Stufe 3/ohne MB** rührt. Das ätherische Öl hineintropfen und nochmals **2 Min./Stufe 3/ohne MB** mischen.
5. Die Masse jetzt fest in die Silikonformen pressen, evtl. Handschuhe dazu verwenden, um die Haut zu schonen. Wer Blüten oder Blätter verwendet, gibt bereits vorher ein paar davon in die Formen.
6. Badebomben im Kühlschrank 2 Std. aushärten lassen. Danach aus den Formen nehmen und in Gläsern oder luftdichten Gefrierbeuteln aufbewahren.

Wer mag, kann auch noch etwas Lebensmittelfarbe in Pulverform untermischen, z. B. Rote-Bete-Pulver. Stellt man oft Badebomben her, lohnt sich die Anschaffung von füllbaren Kugelformen speziell für diesen Zweck (Internet).

Achtung: Natron und Zitronensäure reagieren miteinander, wenn man sie mischt. Schonender für den Mixtopf ist es daher, die trockenen Komponenten in einer Schüssel separat zu mischen.

Verwendet man dennoch den Mixtopf, sollte man das Messer anschließend sofort gründlich reinigen und spülen!

Haferflocken-Honig-Badepaste

Diese Paste wirkt wie eine zarte, feuchtigkeitsspendende Hautkur.

Anwendung:
Einfach im Badewasser auflösen und 20 Min. lang genießen.

Für 1 Vollbad
Zubereitung: 1 Min.
Rührdauer: 1 Min.

3 EL Haferflocken
1 EL Meersalz
200 g Naturjoghurt
1 EL flüssiger Honig
3 EL Zitronensaft
20 g Olivenöl

1. Die Haferflocken mit dem Salz im Mixtopf **10 Sek./Stufe 10/mit MB** mahlen.
2. Restliche Zutaten zugeben und **30 Sek./Stufe 4/mit MB** mischen. Badepaste sofort verwenden.

Wer mag, gibt der Paste noch bis zu 10 Tropfen ätherische Öle zu, zum Beispiel Orangen-, Ylang-Ylang- oder Rosmarinöl.

Sahniges Erdbeerbad

Die in den Erdbeeren enthaltene Säure wirkt wie ein Peeling, trägt abgestorbene Hautzellen ab und hat eine reinigende Wirkung. Sahne und Distelöl (für trockene wie für fette Haut geeignet) machen streichelzart und versorgen mit Fett und Feuchtigkeit. Pfefferminzöl sorgt für einen leichten Frischekick.

Anwendung:
Den Zusatz sofort dem Badewasser zugeben und etwa 20 Min. darin eine duftende Auszeit genießen.

Für 1 Vollbad
Zubereitung: 3 Min.
Rührdauer: 1 Min.

200 g frische Erdbeeren
2 EL Zitronensaft
100 g Schlagsahne
20 g Distelöl
10 Tropfen ätherisches Pfefferminzöl (optional)

1. Die Erdbeeren waschen, im Mixtopf mit dem Zitronensaft **10 Sek./Stufe 10/mit MB** zerkleinern, mit dem Spatel nach unten schieben.
2. Restliche Zutaten zugeben und nochmals **10 Sek./Stufe 6/mit MB** mixen.

Kräuter-Mandelmilch-Bad mit Honig

Will man seiner Haut einmal etwas richtig Gutes tun, so bereitet man sich dieses Bad auf Mandelbasis zu.

Anwendung:
Dem warmen Badewasser zufügen, darin verteilen und 20 Min. lang darin entspannen. Anschließend muss meist nicht mehr eingecremt werden, das in den Mandeln enthaltene Öl sorgt für Feuchtigkeit, die Kamille beruhigt die Haut, Rosenblätter und Honig machen schön und besänftigen.
Wer innerhalb der nächsten 3 Tage nochmals baden möchte, rührt sich die doppelte Menge an und lagert sie in einer Flasche im Kühlschrank.

Haltbarkeit:
3 Tage im Kühlschrank

Für 1 Vollbad
Zubereitung: 3 Min.
Rührdauer: 21 Min.

200 g Mandeln, ungeschält
20 g Kamillentee
10 g Rosenblütenblätter, getrocknet
1000 g Wasser
30 g flüssiger Honig

1. Die Mandeln mit dem Kamillentee und den Rosenblütenblättern im Mixtopf **10 Sek./Stufe 10/mit MB** zerkleinern, dann mit dem Spatel nach unten schieben.
2. Wasser einwiegen und alles **20 Min./90 °C/Stufe 3/mit MB** erhitzen.
3. Ein schweres Küchentuch auf den Deckel legen und **15 Sek./Stufe 10/ mit MB** mixen.
4. Den Honig zugeben und den Badezusatz in das Badewasser schütten.

Wer mag, gibt dem Badewasser noch 100 ml Rosenwasser zu oder mischt in die Kräutermilch 2-3 Tropfen ätherisches echtes Rosenöl.

Schneller geht's, wenn man die Mandeln bereits über Nacht in Wasser einweicht. Dann werden sie ohne das Einweichwasser zerkleinert und mit den 1000 g Wasser 5 Min./100 °C/Stufe 3/ ohne MB erhitzt. Die restlichen Zutaten wie angegeben verarbeiten.

Genießer-Badeöl

Ein Bad mit diesem duftenden Öl ist eine feuchtigkeitsspendende und rückfettende Wohltat, kann beim Entspannen helfen (Lavendel) und stimmungsaufhellend wirken (Bergamotte, Ylang-Ylang). Der Emulgator sorgt dafür, dass sich das Öl auch im Wasser löst und nicht an der Wasseroberfläche schwimmt, außerdem verhindert er unschöne Ölränder in der Badewanne.

Anwendung:
Für 1 Vollbad 1–2 EL in das heiße Badewasser geben und etwa 20 Min. lang genießen. Danach Haut nur leicht mit dem Handtuch abtupfen, damit die wertvollen Öle noch einziehen können.

Haltbarkeit:
3–4 Monate (bzw. maximal so lange wie die kürzeste Mindesthaltbarkeit der verwendeten Zutaten), kühl und dunkel lagern

Für 200 ml
Zubereitung: 2 Min.
Rührdauer: 1 Min.

- 0,5 MB Jojoba- oder Wiesenschaumkrautöl
- 1,5 MB Bio-Sonnenblumenöl
- knapp ¼ MB Mulsifan (Emulgator, Internet)
- 0,5 TL Vitamin E
- 30 Tropfen ätherisches Bergamotteöl
- 25 Tropfen ätherisches Lavendelöl fein
- 20 Tropfen ätherisches Ylang-Ylang-Öl (optional)

1. Alle Zutaten im Mixtopf **1 Min./Stufe 2/mit MB** mischen, dann in eine saubere, trockene (am besten dunkel gefärbte) Flasche abfüllen und verschließen.

Luxusbad

Dieser nicht ganz so billige frische Badezusatz macht eine herrlich zarte Haut und riecht einfach unglaublich fein. Gelegentlich muss auch mal Luxus erlaubt sein …

Anwendung:
Dem warmen Wasser sofort zugeben und 20 Min. lang genießen. Die Wanne danach gut ausspülen. Vorsicht, rutschig!

Für 1 Vollbad
Zubereitung: 2 Min.
Rührdauer: 4 Min.

- 2 MB bzw. 1 Becher süße Sahne (alternativ Mandelcuisine)
- 50 g Honig (alternativ 30 g pflanzliches Glyzerin)
- 1–2 EL Arganöl (alternativ Olivenöl oder Mandelöl)
- 3 Tropfen ätherisches Rosenöl (kein Duftöl, sondern echtes!)
- 5 Tropfen ätherisches Orangenöl, süß
- 5 Tropfen ätherisches Vanilleöl
- 5 Tropfen ätherisches Bergamotteöl

1. Am besten während die Badewanne bereits einläuft, Sahne, Honig und Arganöl bzw. Oliven- oder Mandelöl im Mixtopf **3 Min./37 °C/Stufe 3/ mit MB** mixen.
2. Die ätherischen Öle hineintropfen lassen, nochmals **20 Sek./Stufe 3/ mit MB** mischen und dann dem warmen Badewasser zugeben.

Gerade etwas älterer, bereits auskristallisierter Honig eignet sich für diesen Badezusatz besonders gut!

Wachmacher-Peeling – Coffee-Scrub mit Gewürzen

Für Freunde selbst gebrühten Kaffees oder Espressos: Dieses superschnell gemixte Peeling belebt die frisch geduschte Haut, schleust wach machendes Koffein in den Blutkreislauf ein, verbessert die Nährstoffaufnahme im Gewebe und den Abtransport von Schlacken und soll auch gegen Cellulitis helfen. Zimt und Kakao machen gute Laune und riechen einfach lecker.

Anwendung:
Vorher duschen, dann auftragen, sanft einmassieren und für eine noch stärkere Wirkung kurz einwirken lassen. Mit klarem Wasser abspülen. Ein Nachcremen ist wegen des feuchtigkeitsspendenden Kokosöls nicht notwendig. Gibt es ein preisgünstigeres und umweltfreundlicheres Peeling?

Haltbarkeit:
3 Tage bzw. 7 Tage erhitzt (im Kühlschrank)

Für etwa 180 ml
Zubereitung: 2 Min.
Rührdauer: 1 Min. bzw. 5 Min.

- 120 g Kaffeesatz von gemahlenen Kaffeebohnen
- 50 g Bio-Kokosöl
- 1 TL Zimt, gemahlen
- 1 gehäufter TL Kakaopulver, entölt
- 1 EL Honig (optional)

Für 1 Woche Haltbarkeit:

1. Alle Zutaten im Mixtopf **30 Sek./Stufe 3/ohne MB** mischen und dann in ein sauberes Schraubglas abfüllen.

Für 2 Wochen Haltbarkeit:

1. Alle Zutaten bis auf den Honig im Mixtopf **5 Min./85 °C/Stufe 1/ ohne MB** erhitzen.
2. Honig einrühren und Peeling in ein sauberes Schraubglas abfüllen. Abgekühlt im Kühlschrank lagern.

Sanftes Tomaten-Körper-Peeling für unreine und fettige Haut

Bei unreiner und fettiger Haut zu empfehlen, besonders an den Armen oder auf dem Rücken. Regelmäßig angewendet, wird die Haut rosig, weich und deutlich reiner.

Anwendung:
Nach dem Duschen auf der Haut verteilen, sanft kreisend massieren. Anschließend lauwarm abspülen und Haut trocken tupfen. Eincremen ist aufgrund des im Peeling enthaltenen Öls nicht nötig. Kann auch als Gesichtsmaske verwendet werden.

Haltbarkeit:
2 Tage im Kühlschrank

Für 1–2 Anwendungen
Zubereitung: 2 Min.
Rührdauer: 2 Min.

150 g reife Tomaten
30 g Distel - oder Kokosöl
70 g Mais- oder Dinkelmehl (alternativ vorab gemahlene Haferflocken)

1. Tomaten im Mixtopf **10 Sek./Stufe 10/mit MB** zerkleinern und mit dem Spatel nach unten schieben.
2. Öl sowie Mehl nach Wahl zufügen und **1 Min./Stufe 8/mit MB** zu einer Paste anrühren. Je nachdem, wie die Konsistenz des Peelings sein soll, Mischung mit dem Spatel nach unten schieben und Vorgang wiederholen.

Zitronen-Salz-Körperpeeling mit Minzöl

Für alle Hauttypen, die nicht sehr empfindlich reagieren: Zitrone stärkt das Immunsystem, desinfiziert und wirkt anregend. Minze erfrischt und fördert die Konzentration, Orangenöl macht gute Laune. Meersalz regt den Schlackentransport und die Entgiftung an. Rizinusöl hält gut auf der Haut, spendet Feuchtigkeit und wirkt antioxidativ. Wegen der verwendeten ganzen Zitrone ist das Peeling nicht so lange haltbar. Wer es länger aufbewahren möchte, nimmt daher nur die Schale der Zitrone.

Anwendung:
Ein- bis zweimal pro Woche nach dem Duschen oder Baden die feuchte Haut sanft damit massieren. Mit kaltem Wasser nachspülen und Haut mit dem Badetuch nur leicht trocken tupfen.

Haltbarkeit:
1 Monat, kühl und dunkel lagern

Für etwa 250 g
Zubereitung: 2 Min.
Rührdauer: 2 Min.

- 1 Bio-Zitrone
- 30 g Rizinusöl
- 250 g mittelgrobes oder feines Meersalz (nach Belieben)
- 25 Tropfen ätherisches Minzöl
- 10 Tropfen ätherisches süßes Orangenöl

Achtung: Das Salz nicht auf offenen Wunden oder Schleimhäuten anwenden!

1. Die Zitrone waschen, abtrocknen, halbieren und im Mixtopf **10 Sek./ Stufe 10/mit MB** zerkleinern. Mit dem Spatel nach unten schieben und Vorgang wiederholen.
2. Alle anderen Zutaten zugeben und **1 Min./Stufe 2/ohne MB** mischen. Peeling in ein sauberes Glas abfüllen und verschlossen lagern.

DUFTENDE KÖRPERPFLEGE

Es gibt zahlreiche wunderbare Rezepte zur Pflege für den Körper. Mischen Sie sich wohltuende Produkte, mit denen Sie Ihre Haut auch an Händen und Füßen verwöhnen, erfolgreich gegen Schweißgeruch ankämpfen, alte Hautschuppen abschrubben und sich in der Badewanne entspannen können.

Milchcreme

Milch ist eines der ältesten bekannten Körperpflegemittel, sie macht die Haut streichelzart und versorgt sie mit Feuchtigkeit. Für eine verbesserte Haltbarkeit wird H-Milch verwendet. Dennoch ist die Creme nur wenige Tage im Kühlschrank haltbar, sie verkeimt leider sehr schnell.

Anwendung:
Diese Creme wird nach dem Duschen auf dem gesamten Körper aufgetragen, eventuell auch im Gesicht. Wer die ätherischen Öle nicht gut verträgt, lässt sie einfach weg. Das Johannisbrotkernmehl kann leichte Klümpchen auf der Haut hinterlassen, dann die Creme erst etwas antrocknen lassen und mit ein paar Tropfen Wasser abspülen. Trocken tupfen, und schon ist die Haut reichhaltig gepflegt. Überschüssiges Öl nach 10–15 Min. mit einem Tuch abnehmen.

Haltbarkeit:
so lange, wie die geöffnete Milch im Kühlschrank haltbar ist

Für 100 ml
Zubereitung: 3 Min.
Rührdauer: 7 Min.

0,5 MB H-Milch (3,5 % Fett), zimmerwarm
0,5–1 TL Johannisbrotkernmehl
1 MB Öl je nach Hauttyp (z. B. Mandelöl für trockene, empfindliche Haut, Distelöl für eher fettige Mischhaut oder Olivenöl für normale und reife Haut)
10 Tropfen ätherisches Lavendelöl fein (optional)
10 Tropfen ätherisches Zitronenöl (optional)

1. Milch und Johannisbrotkernmehl in den Mixtopf geben und **1 Min./Stufe 3/mit MB** mixen.
2. Weitere **6 Min./Stufe 6/ohne MB** rühren, dabei das Öl wie bei der Mayonnaisezubereitung sehr langsam in einem dünnen Strahl durch die Deckelöffnung einlaufen lassen, bis die Creme emulgiert.
3. Zum Schluss noch die ätherischen Öle einrühren, wenn gewünscht. Creme dann in ein mit Alkohol ausgeriebenes Salbenglas füllen und im Kühlschrank lagern.

Bei Hautproblemen ersetzt man die Hälfte des Öls durch Ringelblumen- oder Johanniskrautöl (da dies die Lichtempfindlichkeit der Haut verstärkt, nicht vor dem Sonnenbaden auftragen!).

Flieder-Massageöl

Dieses duftende Blütenöl entspannt und soll auch gegen Schmerzen hilfreich sein. Sammeln Sie die Blüten an einem trockenen Tag.

Anwendung:
Vor dem Benutzen aus dem Kühlschrank holen und Zimmertemperatur annehmen lassen.
Sanft in die trockene Haut einmassieren.

Haltbarkeit:
bis zu 6 Monate im Kühlschrank

Für 200 ml
Zubereitung: 5 Min.
Rührdauer: 90 Min.
Anwelken: 1 Tag
Ausziehen: 1 Tag

25 g Fliederblüten ohne Grün (= ca. 5–6 Rispen Duftflieder, kein giftiger Schmetterlingsflieder!)
250 g Sonnenblumen- oder Traubenkernöl nach Wahl
1 g Vitamin E

1. Die Blüten von den Rispen zupfen und auf einem Tuch im Schatten ausgebreitet 1 Tag lang antrocknen. Danach mit dem Öl in den Mixtopf geben und **90 Min./50 °C/Stufe 1/ohne MB** rühren. Mischung in eine Schüssel umfüllen und 1 Tag abgedeckt ziehen lassen.
2. Durch ein Tuch filtern, Vitamin E einrühren und Öl in eine dunkle Flasche abfüllen.

Cream Bars

Feste Körperbutter für normale und trockene Haut.

Anwendung:
Nach dem Duschen oder Baden die Haut damit einstreichen, die Bars (Stücke) schmelzen sofort auf der Haut und machen sie streichelzart. Besonders gut geeignet, wenn man nicht den ganzen Körper eincremen möchte, oder auch für das Gesicht (bei sehr trockener Haut). Das Wachs gibt der Haut eine Schutzschicht.

Haltbarkeit:
bis zu 6 Monate, dunkel und kühl lagern

Für mehrere Bars, je nach Größe der Formen (ca. 14 kleinere Stücke)
Zubereitung: 5 Min.
Rührdauer: 10–13 Min.
Aushärten: 2–3 Std.

50 g Bienenwachs, unraffiniert
50 g Kakaobutter
100 g Mangobutter
20 g Jojoba- oder Wiesenschaumkrautöl
1 TL Honig
15 Tropfen ätherisches Lavendelöl fein
10 Tropfen ätherisches Orangenöl
Silkonformen zum Ausgießen

1. Bienenwachs und Kakaobutter im Mixtopf **6 Min./65 °C/Stufe 1.5/ohne MB** schmelzen, darauf achten, dass keine Wachsplättchen auf dem Messer liegen bleiben. Falls noch nicht alles geschmolzen ist, weitere 1–2 Min. schmelzen..
2. Mangobutter und Jojobaöl zugeben und im flüssigen Fett schmelzen: **5 Min./40 °C/Stufe 0.5/ohne MB**.
3. Mit einem Silikonspatel Reste von den Rändern wieder in das Öl schieben, damit alles schmelzen kann.
4. Honig und die ätherischen Öle durch die Deckelöffnung zugeben.
5. Das flüssige Öl randhoch in die (trockenen!) Silikonformen füllen. Kurz anziehen lassen, dann zum Aushärten in den Kühlschrank stellen.
6. Nach 2–3 Std. aus der Form drücken – fertig.

Die Bars eignen sich gut als Geschenk. Wer keine Silikonformen hat, kann auch möglichst kleine saubere Joghurtbecher oder Seifenformen verwenden.

Wer mag, gießt die Formen nur zur Hälfte voll, gibt dem geschmolzenen Öl noch 1 TL getrocknete Lavendelblüten zu und rührt diese mit dem Spatel ein. So erhält man feine Lavendel-Bars.

Keine zu großen Formen gießen, damit die Bars auch schön handlich werden. Sehr beliebt als Geschenk und gut verträglich (bei sehr empfindlicher Haut das Orangenöl weglassen).

Immer nur ein Bar im Bad liegen lassen, aber nicht in der direkten Sonne oder nahe der Heizung, die restlichen Stücke lieber im Kühlschrank in einer Dose lagern.

Deo-Puder mit Salbei und Minze

Dieser zart duftende Kräuterpuder eignet sich auch für die empfindliche und die eher fette Haut.

Anwendung:
Auf die gewaschenen und trockenen Körperpartien mithilfe eines Streuers, einer Puderquaste oder eines Pinsels auftragen. Abends abwaschen. Puder kann bei länger andauerndem Gebrauch porenverstopfend wirken. Für eine desodorierende Wirkung sorgen Salbei und Minze. Natron und die ätherischen Öle von Lavendel und Zitrone desinfizieren und duften fein. Etwas ungünstig bei dunkler Kleidung durch Reste.

Haltbarkeit:
mindestens 6 Monate

Für 85 g
Zubereitung: 5 Min.
Rührdauer: 2 Min.

- 5 g Salbei, getrocknet
- 1 kleine Handvoll Minzblüten oder -blätter, getrocknet (etwa 3 g)
- 20 g Natron
- 60 g Maisstärke oder weiße Tonerde
- 20 Tropfen Lavendelöl
- 10 Tropfen Zitronenöl
- 1 Gewürzstreuer aus Glas (Metall ist nicht gut geeignet) oder 1 Pudergefäß mit Quaste

Achtung: Kann helle Kleidung leicht verfärben!

1. Salbei im trockenen Mixtopf **10 Sek./Stufe 10/mit MB** hacken.
2. Minzblüten oder -blätter zufügen und Vorgang wiederholen. Mit einem Pinsel auch das Pulver aus dem Deckel in den Mixtopf hineinwischen.
3. Natron zugeben und **30 Sek./Stufe 10/mit MB** fein mahlen.
4. Stärke zufügen, die ätherischen Öle hineintropfen und alles **15 Sek./Stufe 4/mit MB** mischen.
5. Mit dem Pinsel den ganzen Puder nach unten wischen und dann abfüllen.

Petersilien-Apfelessig-Deodorant

Petersilie wirkt desodorierend und kühlend, Apfelessig bekämpft Bakterien, Urea beruhigt mit Feuchtigkeit und Hamamelis wirkt zusammenziehend auf die Poren. Das Salz beruhigt, desinfiziert und konserviert.

Anwendung:
Dieses wirksame Naturdeo (bzw. das verdünnte Konzentrat) auf die gereinigte Haut aufsprühen. Für einen angenehmeren Duft kann man dem verdünnten Deospray auch noch 3 Tropfen ätherisches Öl nach Vorliebe beimischen. Vor Gebrauch aufschütteln. Kann Flecken auf heller Kleidung hinterlassen.

Haltbarkeit:
mehrere Monate (Konzentrat); gemischtes Deo innerhalb von 3–4 Wochen verbrauchen, dunkel lagern

Für 400 ml Konzentrat
Zubereitung: 5 Min.
Rührdauer: 61 Min.
Ausziehen: über Nacht

2 Bund Petersilie, am besten Bio-Ware
Schale von halber Bio-Zitrone
300 g Apfelessig, naturtrüb
10 g Urea (Harnstoff)
1 EL Steinsalz ohne Zusätze
1 MB destilliertes Wasser oder 1 MB Hamamelishydrolat

1. Die Petersilie waschen und trocken schütteln. Grob zerschneiden und mit der Zitronenschale in den Mixtopf geben. **10 Sek./Stufe 10/mit MB** zerkleinern, mit dem Spatel nach unten schieben und Vorgang wiederholen.
2. Apfelessig zugeben und **60 Min./37 °C/Stufe 4/mit MB** erhitzen.
3. Mischung in eine Schüssel umfüllen und zugedeckt über Nacht ruhen lassen. Dann durch ein Tuch filtern, dabei den Rückstand gut auspressen.
4. Urea und Salz im Wasser oder Hamamelishydrolat auflösen, mit dem Kräuteressig mischen und dann das Konzentrat in eine Flasche abfüllen.
5. Von diesem Konzentrat mischt man sich eine Flasche Deo im Verhältnis 1:1 mit gefiltertem, abgekochtem oder destilliertem Wasser an.

Das fertig gemischte Deo nicht in die Sonne stellen, sondern eher dunkel bzw. in einer dunkel getönten Flasche lagern.

Deocreme

Einfach und preiswert herzustellen ist diese Deocreme auf Öl- und Natronbasis. Sie wird zumeist auch von empfindlicher Haut gut vertragen und wirkt sehr zuverlässig. Kokosöl befeuchtet die Haut und wirkt desodorierend, Öle pflegen, Natron bekämpft den sauren Schweiß, der für die Geruchsbelästigung ursächlich ist. Für den Duft kann man ätherische Öle (naturrein) verwenden, jedoch bitte Vorsicht bei Allergien!

Anwendung:
Etwa eine haselnussgroße Portion von der Creme unter die gewaschenen, trockenen Achseln auftragen.

Haltbarkeit:
3 Monate (bzw. maximal so lange wie die kürzeste Mindesthaltbarkeit des verwendeten Öles und der Butter), eher kühl lagern

Für 80 ml
Zubereitung: 1 Min.
Rührdauer: 12 Min.

40 g Bio-Kokosöl
10 g farbloses Öl (Jojoba-, Sonnenblumen-, Distel- oder Sojaöl)
20 g Sheabutter, raffiniert
30 g feines Natron
Nach Belieben 10 Tropfen ätherisches Öl (z. B. Lavendelöl)

1. Die Öle und die Sheabutter im Mixtopf **2 Min./50 °C/Stufe 2/ohne MB** schmelzen.
2. Das Natron zufügen und alles nochmals **10 Min./Stufe 3/ohne MB** rühren.
3. Während der letzten Minute nach Belieben das ätherische Öl zugeben.
4. Mit einem sauberen Pinsel nochmals aufrühren.
5. Creme in ein sauberes Salbengläschen abfüllen, im Kühlschrank fest werden lassen, evtl. zwischendurch umrühren, damit sich die Öle und das Natronpulver nicht trennen.

Je nach Temperatur muss das Deo im Kühlschrank gelagert werden, fall es zu weich wird bzw. schmilzt (Sommer).

DIY-Deostick

Diese selbst gemachten Deos sind wirksam, pflegen die Haut und duften durch die Kakaobutter zart nach Schokolade. Damit sie hart bleiben, müssen sie allerdings im Kühlschrank gelagert werden.

Anwendung:
Nach der Reinigung auf die trockene Haut auftragen.

Haltbarkeit:
3 Monate, im Kühlschrank 4–5 Monate (bzw. maximal so lange wie die kürzeste MHD der verwendeten Zutaten)

Für 2 Deosticks (je 75 g)
Zubereitung: 5 Min.
Rührdauer: 15 Min.

- 70 g Natron
- 30 g Johannisbrotkernmehl oder Pfeilwurzelstärke
- 45 g Bio-Kokosöl
- 95 g Kakaobutter, in Callets oder Stücken
- 2 TL Tinktur, 40%ig (z. B. Kamille, Rose, Arnika, Ringelblume, Gänseblümchen)
- 5 Tropfen pflanzliches Glyzerin
- 10 Tropfen ätherisches Salbeiöl
- 5–8 Tropfen ätherisches Rosengeranienöl
- 2 große Deostickhülsen (gebraucht und gründlich gereinigt oder neu gekauft)

1. Natron und Johannisbrotkernmehl bzw. Pfeilwurzelstärke im Mixtopf **1 Min./Stufe 10/mit MB** mixen. Etwas warten, bis sich das Puder gelegt hat, dann in eine Schüssel umschütten.
2. Kokosöl und Kakaobutter im Mixtopf 6 **Min./37 °C/Stufe 1/ohne MB** schmelzen (darauf achten, dass nichts auf dem Messer liegen bleibt).
3. Natron-Stärke-Pulver zufügen und alles **8 Min./Stufe 2.5/ohne MB** rühren.
4. Nach der Hälfte der Zeit die Tinktur mit dem Glyzerin im MB verrühren und durch die Deckelöffnung zugeben. Weiterrühren, bis die Masse eindickt, aber noch fließfähig bleibt; die ätherischen Öle hinzugeben.
5. Die Deostickhülsen damit befüllen und im Kühlschrank mehrere Stunden aushärten lassen (härtet noch etwas nach).

Achtung: Kann helle Kleidung gelblich färben.

Erfrischendes Minzöl

Anwendung:
Nach dem Baden in die noch leicht feuchte Haut einmassieren. Das Kräuteröl sorgt für ein frisches Hautgefühl und eine samtweiche gepflegte Haut.

Haltbarkeit:
2–3 Monate (bzw. maximal so lange wie die kürzeste Mindesthaltbarkeit der verwendeten Öle) im Kühlschrank

Für ca. 230 ml
Zubereitung: 5 Min.
Rührdauer: 62 Min.

40 g frische Minzblätter, ohne Stängel
180 g Olivenöl (bei eher fettiger Haut Bio-Distelöl)
150 g Bio-Kokosöl, kalt
1 g Vitamin E

1. Die trockene Minze im Mixtopf **10 Sek./Stufe 10/mit MB** zerkleinern, mit dem Spatel nach unten schieben und Vorgang wiederholen.
2. Das Olivenöl zufügen und **60 Min./40 °C/Stufe 3/mit MB** rühren.
3. Mischung durch ein sauberes Tuch filtern, nicht ausdrücken.
4. Mixtopf ausspülen und trocknen.
5. Kräuteröl wieder in den Mixtopf geben, das kalte Kokosöl einwiegen und **1 Min./Stufe 5/mit MB** aufschlagen. Vitamin E einrühren.
6. Mischung in eine Salbendose oder ein Glas abfüllen und in den Kühlschrank stellen.

GEPFLEGTE HÄNDE, FÜSSE UND BEINE

Nicht nur im Sommer, wenn wir in kurzen Kleidern und leichten Sandalen wieder Bein und Fuß zeigen, sollte man seine Beine und Füße pflegen. Diese milden Produkte machen alles wieder vorzeigbar und verwöhnen die Haut mit sanften Seifen und reichhaltigen Ölen. Oftmals zu kurz kommen auch die Hände, gerade sie bedürfen aber einer besonders guten Behandlung, denn sie kommen zum Beispiel bei der Putzarbeit oft mit aggressiven Reinigungsmitteln in Kontakt, die die zarte Haut austrocknen, rissig, rötlich und unansehnlich machen können. Ein sanftes Peeling, eventuell rückfettend, eine pflegende Packung und eine gute Creme (die auch die Gesichtscreme sein darf) sollten Sie ihr unbedingt regelmäßig gönnen.

Flüssige Ingwer-Zitronen-Handseife

Diese hautpflegende und fein duftende flüssige Handseife lässt sich schnell und preiswert herstellen.

Anwendung:
Vor dem Verwenden schütteln, da sich die Bestandteile meist wieder trennen.

Haltbarkeit:
bis zu 3 Monate

Für ca. 300 ml
Zubereitung: 5 Min.
Rührdauer: 21 Min.
Ausziehen: 15 Min.

- 90 g feste Pflanzenölseife, möglichst parfümfrei (Marseiller Seife, Lieblingsseife) oder Seifenflocken
- 30 g Bio-Ingwer, gewaschen, in Stücken
- 300 g destilliertes Wasser
- Schalenabrieb und Saft von 1 Bio-Zitrone
- 25 g Olivenöl
- 2 g Vitamin E
- 30 Tr. Biokons Neo (60 Tr. für 6 Monate Haltbarkeit)

1. Wird Pflanzenölseife verwendet, diese halbieren und in den Mixtopf geben, **6 Sek./Stufe 8/mit MB** (festhalten) zerkleinern, dann in eine Schüssel umfüllen. (Bei Seifenflocken entfällt dieser Schritt.)
2. Ingwer im Mixtopf **5 Sek./Stufe 8/mit MB** hacken. Wasser zufügen, **10 Min./100 °C/Stufe 2/mit MB** kochen. Zitronenschale und -saft zufügen. Mischung 15 Min. ziehen lassen, dann durch ein feines Mulltuch filtern.
3. Ingwerwasser, Seifenhäcksel bzw. -flocken und Olivenöl in den Mixtopf geben und **10 Min./50 °C/Stufe 2/ohne MB** auflösen. Vitamin E und Biokons zugeben. Seife durch ein Sieb passieren und in Seifenspender bzw. Flaschen füllen.

Fußbad für überbeanspruchte Füße

Gerade nach langem Stehen oder Wandern kann dieses fein duftende Fußbad angeschwollenen, heißen Füßen guttun.

Anwendung:
Warmes, aber nicht heißes Wasser in eine Wanne einlaufen lassen, die Paste darin auflösen und die Füße darin etwa 15 Min. lang (bzw. solange das Bad angenehm ist) baden.
Haut gründlich trocken tupfen, jetzt sind die Füße wieder frisch.

Haltbarkeit:
2–3 Tage

Für 1 Anwendung
Zubereitung: 2 Min.
Rührdauer: 1 Min.

50 g frische Pfefferminze
1 Bio-Zitrone, geviertelt
50 g Meersalz
20 g Olivenöl
20 g Sahne oder Cremefine

1. Minze grob schneiden, mit der Zitrone im Mixtopf **10 Sek./Stufe 10/ mit MB** zerkleinern, mit dem Spatel nach unten schieben und Vorgang wiederholen.
2. Die restlichen Zutaten zugeben und **20 Sek./Stufe 4/mit MB** zu einer Paste mischen.

Pflegende Avocado-Fußpackung

Rissige, extrem trockene Hautstellen (nicht nur) an den Füßen werden mithilfe dieser Packung wieder weich gepflegt. Bis zur Besserung mehrmals die Woche anwenden.

Anwendung:
Dick auf die vorher gewaschenen trockenen Stellen auftragen und etwa 30 Min. lang einwirken lassen. Danach mit lauwarmem Wasser abspülen und Haut mit einem Handtuch trocken tupfen.

Haltbarkeit:
1–2 Tage

Für 1–2 Anwendungen
Zubereitung: 2 Min.
Rührdauer: 1 Min.

halbe reife Avocado
100 g Bio-Kartoffel
Saft von halber Zitrone

1. Das Fruchtfleisch der Avocado mit der gewaschenen Kartoffel (mit Schale; wird keine Bio-Ware verwendet, dann geschält) und dem Zitronensaft im Mixtopf **10 Sek./Stufe 9/mit MB** fein pürieren.

Wer häufig unter Fußpilzbefall leidet, ersetzt den Zitronensaft durch naturtrüben Apfelessig.

Achtung: Die Packung kann aufgrund der Säure auf offenen Hautstellen kurz etwas brennen, was aber meist schnell abklingt. Nicht anwenden, wenn größere Hautpartien offen sind oder Wunden aufweisen.

Kartoffelpackung für Hände und Füße

Raue, trockene und rissige Stellen an Händen und Füßen beugt man mit dieser schnellen Packung vor oder behandelt sie, wenn es doch schon zu spät sein sollte.

Anwendung:
Dick auftragen, leicht einmassieren und – eventuell eingepackt in Einmalhandschuhe oder alte Socken – 20 Min. bis 1 Std. lang einwirken lassen. Am besten eine tägliche Kur durchführen, bis die Haut wieder besser ist, danach ein- bis zweimal pro Woche anwenden.

Haltbarkeit:
3 Tage im Kühlschrank

Für 3 Anwendungen
Zubereitung: 3 Min.
Rührdauer: 2 Min.

200 g Bio-Kartoffel, in Stücken, ungeschält
0,5 MB Apfelessig oder Zitronensaft
30 g Kartoffelstärke
0,5 MB Oliven-, Mandel- oder Avocadoöl

1. Die Kartoffelstücke im Mixtopf **10 Sek./Stufe 10/mit MB** zerkleinern, mit dem Spatel nach unten schieben und Vorgang wiederholen.
2. Apfelessig oder Zitronensaft, Kartoffelstärke und Öl zufügen und alles **1 Min./Stufe 4/mit MB** mischen.
3. Packung in ein Schraubglas abfüllen und im Kühlschrank lagern.

Milch-Salz-Peeling

Rauen sowie verhornten Stellen an den Füßen kann man statt mit Feile oder Bimsstein auch mit einem Peeling beikommen, das zugleich noch die Haut pflegt.

Anwendung:
Am besten nach dem Duschen, Baden oder einem Fußbad auf der noch feuchten Haut verwenden und gründlich, aber nicht zu fest rubbeln.
Mit lauwarmem Wasser abspülen, Haut auch zwischen den Zehen gut abtrocknen und gleich warme Socken überziehen.

Haltbarkeit:
2–3 Monate (bzw. maximal so lange wie die kürzeste Mindesthaltbarkeit der verwendeten Zutaten), trocken und dunkel lagern

Für ca. 150 g
Zubereitung: 2 Min.
Rührdauer: 2 Min.

100 g mittelgrobes oder feines Meersalz (nach Belieben)
2 EL Olivenöl
50 g Milchpulver (mager oder vollfett)
10 Tropfen ätherisches Öl (optional), z. B. Lavendel (entspannt), Zypresse und Wacholder (gegen Cellulitis), Rosmarin (regt den Kreislauf an) oder Teebaumöl (pilztötend und desinfizierend)

1. Alle Zutaten im Mixtopf **2 Min./Stufe 3/mit MB** mischen und Peeling in ein dicht schließendes Schraubglas abfüllen.

Rückfettendes Honigpeeling für zarte Hände

Dieses schnelle Peeling pflegt besonders gut und duftet fein, Sie werden es lieben!

Anwendung:
Die angefeuchteten Hände damit einreiben und sanft massieren, danach mit lauwarmem Wasser abspülen.

Haltbarkeit:
3 Wochen im Kühlschrank

Für 40 ml
Zubereitung: 2 Min.
Rührdauer: 1 Min.

1 EL Zucker, fein
1 EL flüssiger Honig
2–3 TL Kokosöl, weich

1. Alle Zutaten in den Mixtopf geben und **1 Min./Stufe 2.5/ohne MB** mischen. In ein sauberes Schraubglas abfüllen.

Statt Kokosöl kann man auch etwas von der eigenen Lieblings-Gesichtscreme verwenden.

Bananenpackung

Wer seine Füße oder auch Hände zwischendurch verwöhnen möchte – was man ruhig öfter tun sollte – und gleichzeitig eine etwas überreife Banane zur Hand hat, mixt sich schnell diese Kur.

Anwendung:
Die Füße und/oder Hände möglichst dick damit bedecken, Paste überall einmassieren. 15 Min. lang einwirken lassen und dann mit lauwarmem Wasser abspülen. Haut gründlich abtrocknen. Sofort verwenden.

Für 1 Anwendung
Zubereitung: 3 Min.
Rührdauer: 1 Min.

2 EL Haferflocken
1 kleine, sehr reife Banane, geschält, in Stücken
20 g Kokosöl

1. Die Haferflocken im Mixtopf **10 Sek./Stufe 10/mit MB** hacken.
2. Die Bananenstücke und das Kokosöl zufügen und **20 Sek./Stufe 7/mit MB** zerkleinern, mit dem Spatel nach unten schieben und Vorgang wiederholen – fertig.

Wildes Waldpeeling

Dieses fein nach Wald duftende Peeling erfrischt und belebt Füße, die vom Wandern oder vom langen Stehen müde geworden sind. Die Kamille hilft bei entzündlichen Stellen, das zugefügte Pflanzenöl sorgt für Rückfettung, sodass anschließend nicht mehr eingecremt werden muss. Nach einer solchen Anwendung fühlt man sich wie neugeboren!

Anwendung:
Die gewünschte Menge Peeling entnehmen und auf der angefeuchteten Haut mit kreisenden Bewegungen verreiben. Gründlich abspülen und Haut mit einem Handtuch trocken tupfen.

Haltbarkeit:
2–3 Monate (bzw. maximal so lange wie die kürzeste Mindesthaltbarkeit der verwendeten Zutaten)

Für 400 g
Zubereitung: 5 Min.
Rührdauer: 2 Min.
Ziehen: 2–3 Tage

20 g frische Nadeln von der Kiefer, Zirbe, Tanne oder Fichte (auch gemischt)
10 g Kamillenblüten, getrocknet (optional)
400 g grobes Meersalz
15 g Pflanzenöl (z. B. Olivenöl, Walnussöl, Arganöl)
10 Tropfen ätherisches Fichtenöl (optional)
10 Tropfen ätherisches Orangenöl (optional)

1. Die sauberen Nadeln ohne Ästchen sowie ggf. die Kamillenblüten in den Mixer geben und **15 Sek./Stufe 10/mit MB** hacken. 300 g vom Salz zugeben und **10 Sek./Stufe 10/mit MB** zu Pulver mixen (wer das Peeling ganz fein haben möchte, gibt das gesamte Salz jetzt schon dazu). Restliches Salz, das Öl und, wenn gewünscht, die ätherischen Öle zufügen und alles nochmals **1 Min./Stufe 2/Linkslauf/ohne MB** vermischen.
2. Peeling in ein gut schließendes Glas abfüllen und 2–3 Tage durchziehen lassen. Vor der Anwendung am besten nochmals durchrühren.

Mit diesem Salz kann man auch ein belebendes und pflegendes Fußbad zubereiten. Dafür 1 EL Honig mit 2 EL vom Salz vermischen. Eine Fußbadewanne mit ca. 38 °C warmem Wasser füllen und die Mischung darin auflösen. Die Füße etwa 15-20 Min. lang (solange es angenehm ist) darin baden.

Für noch mehr Entspannung und Entgiftung ersetzt man 200 g vom Meersalz durch magnesiumhaltiges Epsom- bzw. Bittersalz.

Reichhaltige Fußbutter

Mit dieser Creme pflegt man trockene, rissige Füße, aber auch andere pflegebedürftige Stellen am Körper wie Ellenbogen und Hände wieder weich.

Anwendung:
Einfach dünn auftragen und sanft einmassieren.

Haltbarkeit:
bis zu 5 Monate (bzw. maximal so lange wie die kürzeste Mindesthaltbarkeit der verwendeten Zutaten) im Kühlschrank

Für 200 ml
Zubereitung: 2 Min.
Rührdauer: 9 Min.
Aushärten: 2 Std.

60 g Kokosöl
20 g Bienenwachs oder Kakaobutter
100 g Sheabutter
80 g Avocadoöl
2 g Vitamin E

1. Kokosöl und Bienenwachs oder Kakaobutter **6 Min./65 °C/Stufe 1.5/ohne MB** im Mixtopf schmelzen. Darauf achten, dass kein Bienenwachs auf dem Messer liegen bleibt.
2. Sheabutter und Avocadoöl zufügen und **2 Min./Stufe 2/mit MB** mischen. Vitamin E zufügen.
3. Den Mixtopf am besten mit der Creme in den Kühlschrank stellen und 2 Std. erhärten lassen.
4. Dann mit einer Gabel das Messer frei kratzen und die Creme **30 Sek./Stufe 5/mit MB** luftig aufschlagen. In eine desinfizierte Cremedose abfüllen.

Fußpflegepackung

Mandelöl eignet sich besonders für die trockene, raue und sogar rissige Haut. Es zieht besonders tief in die Haut ein, schleust Wirkstoffe ein und macht sogar dicke Hornhaut wieder weich. Kamille beruhigt, die Sahne dient als Emulgator für Wasser und Fett.

Anwendung:
Diese geschmeidige Sahne großzügig auf die gewaschenen und trockenen Füße oder Hände auftragen, dicke Socken darüberziehen und über Nacht einwirken lassen. Wiederholungen erhöhen die Aussichten auf gut gepflegte Füße.

Haltbarkeit:
2 Tage im Kühlschrank

Für 1–2 Anwendungen
Zubereitung: 2 Min.
Rührdauer: 3 Min.

0,5 MB Kamillentee, noch leicht warm
1 TL pflanzliches Glyzerin
1 EL Sahne
2 EL Mandelöl

1. Kamillentee, Glyzerin und Sahne in den Mixtopf geben und **3 Min./Stufe 3/mit MB** mixen.
2. Nach 20 Sek. das Öl tropfenweise durch die Deckelöffnung zufügen.

Belebendes Beinspray

Gerade im Sommer und nach langem Stehen schwellen die Beine und Füße schnell an. Mit diesem Spray kann man vorbeugen oder sie zumindest mit einem Frischekick zwischendurch beleben. Es stimuliert die Durchblutung, kühlt leicht und spendet Feuchtigkeit.

Anwendung:
Bei Bedarf die Beine großzügig damit einsprühen und an der Luft trocknen lassen.

Haltbarkeit:
2 Monate im Kühlschrank

Für ca. 3 Sprühflaschen à 100 ml
Zubereitung: 35 Min.
Rührdauer: 31 Min.

2 EL frische Minzblätter, gehackt
Schalenabrieb von 1 Bio-Zitrone
1 MB destilliertes Wasser
¼ TL Natron
1 TL pflanzliches Glyzerin
2 MB Rosenhydrolat , konserviert
20–30 Tr. Biokons Neo

1. Minzblätter und Zitronenschalenabrieb mit dem Wasser in den Mixtopf geben und **30 Min./75 °C/Stufe 1.5/mit MB** rühren. Auskühlen lassen und dann durch ein feines Sieb filtern. Mixtopf spülen.
2. Kräutersud wieder in den Mixtopf geben, Natron darin auflösen: **20 Sek./Stufe 2/ohne MB**.
3. Glyzerin, Rosenhydrolat und Biokons zufügen, nochmals **30 Sek./Stufe 4/mit MB** mischen und das Ganze nun in (am besten dunkle) kleine Sprühflaschen abfüllen.

Nicht benutzte Sprühfläschchen am besten im Kühlschrank lagern.

TRAUMHAFT SCHÖNES HAAR

Natürliche Haarpflege ist vor allem angesagt, wenn Allergien gegen Silikone, Duftstoffe etc. auftreten oder wenn man unter Haarproblemen leidet. Jedes Haar reagiert anders, deswegen kann der Bedarf an fettem Öl unterschiedlich sein. Nutzen Sie die regenerierende Kraft der Haarpackungen und der kräftigenden Spülungen und Haarwasser!

Trockenshampoo mit Kamille und Lavendel

Gerade in Krankheitszeiten oder unterwegs kann es vorkommen, dass man die Haare nicht mit dem üblichen Shampoo und Wasser waschen kann. Handelsübliche Trockenshampoosprays enthalten zumeist Isobutan (als Treibgas, auch für Kältemittel in Kühlgeräten eingesetzt), Stärke, Alkohol (trocknet aus), Duftstoffe, Butangas und Chlorid-Tenside (können auch in Weichspülern von Waschmitteln enthalten sein).

Dieses Trockenshampoopulver besteht nur aus natürlichen Zutaten und macht selbst sprödes naturkrauses Harr weich und glänzend. Kamille beruhigt gereizte Kopfhaut, Hafer versorgt sie mit Nährstoffen, Lavendel wirkt entzündungshemmend und hilft bei Neigung zu Schuppen, Salz desinfiziert, Minzöl desinfiziert ebenfalls und wirkt zudem kühlend und erfrischend. Für1–3 Tage ohne Waschen.

Anwendung:
Man benötigt für dichtes, mittellanges Haar etwa ⅓ der angegebenen Rezeptur. Am besten eignet es sich für graues und helleres Haar, bei dunklem Haar mit grauem Ansatz muss man kleinere Reste später mit einem angefeuchteten Tuch leicht abwischen. Auf den Haaransatz trocken auftragen und wie bei üblichem Shampoo mit den Fingern in die Haare und vor allem den Ansatz kneten. Danach unbedingt ganz gründlich ausbürsten und den Ansatz auskämmen. Idealerweise macht man das über die Badewanne oder das Waschbecken gebeugt.

Haltbarkeit:
3 Monate (bzw. maximal so lange wie die kürzeste Mindesthaltbarkeit der verwendeten Zutaten)

Für etwa 3 Anwendungen bei mittellangem Haar (150 g)
Zubereitung: 5 Min.
Rührdauer: 2 Min.

10 g Kamillenblüten, getrocknet
70 g Vollkornhaferflocken
15 g grobes Kristallsalz
30 Tropfen ätherisches Lavendelöl
20 Tropfen ätherisches Minzöl (für die Frische und zum Desinfizieren, kann auch weggelassen werden)

1. Alle trockenen Zutaten im Mixtopf **1 Min./Stufe 10/mit MB** pulverisieren. Mit einem Pinsel das Pulver nach unten streichen.
2. Die ätherischen Öle zugeben und **1 Min./Stufe 5/mit MB** mischen. Mit dem Pinsel nochmals umrühren, ob alles fein genug ist, dann in ein Glas abfüllen und dunkel und trocken lagern.

Tipp: Für dunkles Haar eignet sich ein Zusatz von 2 EL dunkler Ton- oder Heilerde oder 1 EL Backkakao (teilentölt).

Oliven-Aloe-Vera-Shampoo

Sanftes Naturshampoo für trockene Haare und empfindliche oder schuppige Kopfhaut. Sehr gut nach einer pflegenden Haarmaske.

Anwendung:
Gründlich einmassieren, Haare anschließend mit Conditioner behandeln und danach unbedingt zur Wiederherstellung des natürlichen Säureschutzes mit einer Essigspülung (z. B. Birkenessig für kräftiges Haar) nachspülen.

Haltbarkeit:
4–6 Wochen im Kühlschrank

Für ca. 200 ml
Zubereitung: 3 Min.
Rührdauer: 1 Min.

150 g Kastilienseife, flüssig (Rezept siehe S. 62)
100 g Aloe-Vera-Gel , konserviert
15 Tropfen ätherisches Lavendelöl

1. Alle Zutaten im Mixtopf **1 Min./Stufe 3/mit MB** mischen und Shampoo dann in eine Flasche abfüllen.

Erfrischendes Sommershampoo

Minze erfrischt nicht nur, sondern gibt auch auf der Kopfhaut ein sauberes Gefühl. Kokosöl spendet Feuchtigkeit, Aprikosenkernöl pflegt und macht das Haar weich, Zitrone und Apfelessig lassen das Haar glänzen und regulieren den Säureschutz der Haare. Betain ist die schonende Waschbasis. Wer mag, fügt noch Rosmarinöl hinzu, das kräftigt und soll gegen Schuppen helfen.

Anwendung:
Die angefeuchteten Haare damit 1–2-mal aufshamponieren, gut ausspülen.

Haltbarkeit:
bis zu 2 Monate im Kühlschrank

Für etwa 200 ml
Zubereitung: 3 Min.
Rührdauer: 27 Min.

5 g getrocknete Pfefferminze
2 MB destilliertes Wasser
10 g Aprikosenkernöl (alternativ Mandel- oder Olivenöl)
30 g Bio-Kokosöl
1 EL Zitronensaft
2 EL Apfelessig
30 g flüssiger Honig
10 Tropfen ätherisches Minzöl
10 Tropfen ätherisches Rosmarinöl (optional)
1 TL pflanzliches Glyzerin
0,5 MB Betain
0,5 TL Xanthan
20 Tr. Biokons Neo

1. Minze und Wasser im Mixtopf **5 Sek./Stufe 6/mit MB** mixen, dann **20 Min./95 °C/Stufe 3/mit MB** kochen.
2. In der Zwischenzeit in einer kleinen Schüssel Aprikosenkernöl, Kokosöl, Zitronensaft, Apfelessig und Honig mischen und die ätherischen Öle eintropfen, wenn gewünscht.
3. Den Pfefferminzsud durch ein Tuch filtern (= 100 ml). Mixtopf spülen, Sud wieder hineingeben.
4. Glyzerin zufügen und **20 Sek./Stufe 3/ohne MB** mischen.
5. Die gemischten Zutaten aus der Schüssel zugeben und **1 Min./Stufe 4/mit MB** mischen. Betain und Xanthan, sowie Biokons hineingeben und alles **5 Min./Stufe 3/ohne MB** rühren.
6. Den entstandenen Schaum in ein 1-l-Gefäß füllen und über Nacht setzen lassen. Dann in eine Flasche abfüllen.

Kräuterblondierung

Dunkel- oder mittelblondem Haar kann man mithilfe dieser Spülung einen schönen Ton verpassen.

Anwendung:
Den besten Effekt erhält man, wenn man die Haare nach dem Waschen leicht antrocknet, dann mit der Spülung durchfeuchtet und sie in der Sonne (alternativ mit dem Fön) trocknen lässt. So oft wiederholen, bis der Farbton gefällt. Dann regelmäßig, etwa einmal pro Woche, auffrischen.

Haltbarkeit:
3 Tage im Kühlschrank

Für 2 Anwendungen
Zubereitung: 3 Min.
Rührdauer: 21 Min.

20 g römische Kamille, getrocknete Blüten
700 g entkalktes oder stilles Mineralwasser
0,5 MB Zitronensaft

1. Die Blüten im Mixtopf **10 Sek./Stufe 10/mit MB** pulverisieren.
2. Wasser zufügen und alles **20 Min./100 °C/Stufe 3/mit MB** kochen.
3. Mischung durch ein Tuch filtern, dann Zitronensaft zufügen. Spülung abkühlen lassen, bis sie lauwarm ist, erst dann anwenden.

Maske für trockenes Haar und trockene Kopfhaut

Gerade bei juckender Kopfhaut mit trockenen Schuppen eignet sich diese Haarkur sehr gut und kann Erleichterung bringen. Regelmäßig anwenden, bis die Kopfhaut besser wird.

Anwendung:
Vor dem Waschen gleichmäßig Strähne für Strähne in das trockene Haar einarbeiten, dabei auch gründlich in die Kopfhaut einmassieren.
Haare mit einer Plastikhaube abdecken, mit einem Handtuch oder einer alten Mütze einwickeln und Maske 1–2 Std. lang einwirken lassen. Danach gründlich ausspülen und mit einem milden Shampoo Haare eventuell sogar zweimal waschen.

Haltbarkeit:
1 Tag

Für 1 Anwendung
Zubereitung: 3 Min.
Rührdauer: 1 Min.

1 Avocado
3 EL Aprikosenkernöl
1 TL Zitronensaft

1. Avocado halbieren, Fruchtfleisch aus der Schale lösen, in den Mixtopf geben und **6 Sek./Stufe 8/mit MB** mixen, mit einem Silikonspatel nach unten schieben und Vorgang wiederholen.
2. Öl und Zitronensaft zugeben und alles nochmals **6 Sek./Stufe 8/mit MB** rühren.

Pflegende Haarmaske mit Avocado und Zitrone

Die ölreiche Avocado ist legendär in ihrer Verwendung für die Haare. Als Fruchtpaste eignet sie sich für alle Haartypen. Lecithinreiches Ei, entzündungshemmende Zitrone und beruhigender Honig ergänzen die Wirkung. Für alle Haartypen geeignet (siehe Hinweis bei den Zutaten).

Anwendung:
Die Maske beim Haaransatz beginnend im trockenen Haar verteilen und gut einmassieren. Haare mit einer Duschhaube bedecken oder einem Handtuch fest einwickeln.
Einwirkzeit 30 Min. Mit warmem Wasser gut ausspülen und mit einem sanften Shampoo waschen.Sofort verwenden, Reste entsorgen.

Für 1 Anwendung
Zubereitung: 3 Min.
Rührdauer: 1 Min.

1 Avocado, ca. 200 g
1 Bio Zitrone, in Stücken
30 g Honig
2 Eigelb
15 g Olivenöl (für sehr fettes Haar weglassen, bei extrem trockenem Haar verdoppeln auf 30 g)

1. Avocado halbieren und Fruchtfleisch aus der Schale lösen.
2. Zitronenstücke im Mixtopf **8 Sek./Stufe 10/mit MB** zerkleinern.
3. Restliche Zutaten zugeben und **6 Sek./Stufe 8/mit MB** mixen, mit einem Silikonspatel nach unten schieben und Vorgang zweimal wiederholen.

Rosmarinhaarwasser für brünettes Haar

Bei leicht fettendem Haar und Schuppen kann Rosmarin helfen. Er enthält entzündungshemmende, antibakterielle, anregende und kräftigende ätherische Öle und Wirkstoffe. Glyzerin sorgt für Feuchtigkeit, Essig für den Ausgleich des pH-Wertes bzw. des Säureschutzmantels der Haare. Nur für dunkles Haar geeignet, helles und blondes Haar kann sich verfärben.

Anwendung:
Am besten täglich ein- bis zweimal in die Kopfhaut einmassieren oder nach der Haarwäsche eine saure Rinse bereiten (1–2 EL auf 1 l kaltes Wasser) und damit die Haare nachspülen.

Haltbarkeit:
6 Monate bei kühler Lagerung

Für 1 l
Zubereitung: 3 Min.
Rührdauer: 61 Min.

4 Zweige frischer Rosmarin, ca. 20 cm
1000 g Bio-Apfelessig
10 g pflanzliches Glyzerin

1. Den Rosmarin grob schneiden und in den Mixtopf geben, **10 Sek./Stufe 10/mit MB** zerkleinern, mit dem Spatel nach unten schieben und Vorgang wiederholen.
2. Den Apfelessig zugießen und **60 Min./80 °C /Stufe 3/mit MB** erwärmen.
3. Glyzerin zugeben, **10 Sek./Stufe 3/mit MB** auflösen. Mischung durch ein Tuch oder einen Nussmilchbeutel filtern und in eine Flasche abfüllen. Eventuell einen kleineren Teil in eine Sprühflasche fürs Bad füllen und den Rest im Kühlschrank lagern.

Brennnessel-Kurspülung

Diese Haarspülung macht glänzendes, schönes und kräftiges Haar; nach dem Haarewaschen damit das Haar spülen.

Anwendung:
Man kann für die tägliche Haarwäsche auch die siebenfache Menge herstellen, denn die Spülung hält sich im Kühlschrank 1 Woche. Dann am besten 1 Std. vorher auf Zimmertemperatur bringen. Grundsätzlich sollte man die Haare nicht heiß waschen, da sonst die Kopfhaut gereizt wird und die Haare austrocknen.

Haltbarkeit:
1 Woche im Kühlschrank

Für 1 Anwendung
Zubereitung: 2 Min.
Rührdauer: 21 Min.

1 gehäufter EL Brennnesseltee
2 MB Wasser
0,5 MB Bio-Apfelessig

1. Brennnesseltee in den Mixtopf geben und **10 Sek./Stufe 10/mit MB** zerkleinern.
2. Wasser zugießen und **20 Min./90 °C/Stufe 3/mit MB** erhitzen.
3. Mischung durch ein feines Sieb abgießen, den Apfelessig unterrühren und Spülung lauwarm abgekühlt verwenden.

Stärkender Kräuteressig

Soll strapazierte Kopfhaut regenerieren, die Haare kräftigen und Glanz und Volumen verleihen. Das Glyzerin sorgt für Feuchtigkeit bei trockener Kopfhaut und trockenen Haaren.

Anwendung:
Nach der Haarwäsche mit dem verdünnten (!) Essig (0,5 MB auf 250 ml gefiltertes Wasser oder stilles Mineralwasser) die Haare spülen.

Haltbarkeit:
1 Jahr, dunkel lagern

Für 1 l Konzentrat
Zubereitung: 5 Min.
Rührdauer: 81 Min.
Ausziehen: 1 Woche

2 EL Rosenblätter, getrocknet, oder 1 Handvoll frische
2 EL Lindenblüten, getrocknet, oder 1 Handvoll frische
2 EL Birkenblätter, getrocknet, oder 1 Handvoll frische
1000 g Bio-Apfelessig, naturtrüb
10 Tropfen ätherisches Rosmarinöl
20 g pflanzliches Glyzerin oder Honig (optional)

1. Die Kräuter im Mixtopf **10 Sek./Stufe 10/mit MB** zerkleinern. Apfelessig zufügen und **20 Min./80 °C/Stufe 3 mit MB** erhitzen, dann **60 Min./Stufe 3/mit MB** rühren.
2. Mischung in ein Ansatzglas umfüllen, Rosmarinöl zufügen und alles 1 Woche lang ausziehen, dabei täglich schütteln.
3. Essig durch ein Küchentuch oder einen Nussmilchbeutel filtern, dann gegebenenfalls das Glyzerin oder den Honig zugeben. Konzentrat in Flaschen mit Kunststoffdeckel abfüllen oder unter Metalldeckel ein Stück doppelt gelegte Klarsichtfolie legen.

GESUNDE ZÄHNE UND MUND-HYGIENE

Unsere selbst hergestellten Mund- und Zahnpflegeprodukte sollen die Mundflora wieder ins Gleichgewicht bringen, Zähne und Zahnfleisch stärken und Karies vorbeugen bzw. entgegenwirken. Verwenden Sie verschiedene Mittel abwechselnd, um die für Sie geeignete Pflege herauszufinden. Die am besten tägliche Verwendung von Zahnseide wird empfohlen. Bitte beachten: Unsere selbst gemachten Zahnpflegemittel enthalten kein Fluor/Fluorid.

Rosenzahnpulver

Diese Zahnpasta in Pulverform ist superschnell hergestellt, schmeckt erfrischend und ganz natürlich. Rosenblätter wirken entzündungshemmend, wundheilungsfördernd und adstringierend und werden traditionell als Rosenhonig für die Mundhygiene verwendet. Pfefferminze erfrischt, soll entgiftend und schmerzstillend wirken, Salbei das Zahnfleisch stärken und bei Entzündungen gerade im Mundhöhlenbereich geeignet sein. Xylit wirkt Studien zufolge antikariogen, kann jedoch Durchfälle verursachen. Daher empfehle ich, das Zahnpulver nicht zu verschlucken, sondern mit Wasser nachzuspülen. Dementsprechend nicht geeignet für Kinder unter drei Jahren.

Anwendung:
Statt Zahnpasta benutzen, die Zahnbürste anschließend gut ausspülen.

Haltbarkeit:
10 Monate, trocken lagern

Für ca. 6–8 Wochen
Zubereitung: 2 Min.
Rührdauer: 1 Min.

10 g Rosenblätter, getrocknet
10 g Pfefferminze, getrocknet
10 g Salbei, getrocknet
100 g Xylit

1. Alle Zutaten in den Mixtopf füllen, Deckel schließen. Unter den MB ein Papiertuch legen, denn das Pulver staubt stark. Zutaten **30 Sek./Stufe 10/mit MB** zu einem feinen Pulver mahlen. In ein trockenes, gut gereinigtes Glas abfüllen, evtl. einen groben Gewürzstreuer dafür verwenden.

Zahncreme mit Zimt

Die ätherischen Öle von Zimt sollen keimtötend sein, Glyzerin und Meersalz sollen ebenfalls eine antimikrobielle Wirkung haben und werden gerne in antiseptischen Mundspülungen verwendet. Propolis soll eine Verkeimung der Paste verhindern sowie antibakteriell und wundheilungsfördernd wirken. Zusammen mit der Tonerde reinigt diese Paste die Zähne auf milde Art und Weise von Ablagerungen. Unbedingt eine sehr fein gemahlene Tonerde verwenden!

Anwendung:
Statt Zahncreme eine kleine Menge davon benutzen. Die Zahnbürste anschließend mit heißem Wasser und etwas Neutralseife gründlich ausspülen.

Haltbarkeit:
bis zu 3 Monate (bzw. maximal so lange wie die kürzeste Mindesthaltbarkeit der verwendeten Zutaten)

Für ca. 60 ml
Zubereitung: 3 Min.
Rührdauer: 2 Min.

- 10 g Pfefferminze, getrocknet
- 10 g Meersalz, naturbelassen
- 5 g Zimt, gemahlen
- 15 g weiße Tonerde, sehr fein gemahlen
- 50 g Kokosöl, weich
- 20 Tropfen Propolistinktur
- 1 TL pflanzliches Glyzerin (optional)
- 5 Tropfen ätherisches Minzöl (optional)

1. Pfefferminze und Meersalz im Mixtopf **30 Sek./Stufe 6–10 ansteigend/mit MB** fein mahlen. Pulver mit einem Pinsel nach unten streichen.
2. Zimt und Tonerde zufügen, **20 Sek./Stufe 3/mit MB** mischen. Etwas abwarten, staubt sehr, dann erst Mixtopf öffnen. Kokosöl, Propolistinktur und Glyzerin und nach Belieben das Minzöl hineingeben und **30 Sek./Stufe 3/mit MB** vermischen.
3. Die etwas flüssige Paste in ein kleines Glas füllen, sie wird nach 1 Tag durch die Tonerde etwas fester. Wenn man sie im Kühlschrank aufbewahrt, wird sie noch fester.

Achtung: Zahncreme aus dem Glas bitte immer mit einem frischen Löffel oder Spatel entnehmen, niemals die Zahnbürste hineintauchen!

Weitere Titel der Reihe

TM5 & TM31
CHARLY TILL
AUFSTRICHE
AUS DEM THERMOMIX®
DIE 75 BESTEN REZEPTE
riva

TM5 & TM31
CHARLY TILL
KOCHEN FÜR KERLE
MIT DEM THERMOMIX®
ÜBER 60 LIEBLINGSREZEPTE
riva

CHARLY TILL
SÜSSES FÜR KERLE
AUS DEM THERMOMIX®
ÜBER 60 LIEBLINGSREZEPTE
riva

TM5 & TM31
CHARLY TILL
DAS GRILLBUCH
FÜR DEN THERMOMIX®
ÜBER 80 REZEPTE FÜR SOSSEN, MARINADEN, BEILAGEN UND BROTE
riva

CHARLY TILL
LIEBLINGSGERICHTE FÜR KERLE
AUS DEM THERMOMIX®
DIE 130 BESTEN REZEPTE
riva

TM5 & TM31
CHARLY TILL UND JANOSCH ENGLER
HUNDEFUTTER
AUS DEM THERMOMIX®
DIE BESTEN REZEPTE FÜR GESUNDE VIERBEINER
riva

riva

Bildnachweis

S. 20, 23, 29, 30, 31, 32, 34, 37, 39, 42, 43, 44, 45, 46, 49, 51, 53, 54, 57, 61, 67, 70, 71, 72, 73, 74, 77, 78, 80, 83, 84, 91, 95, 97, 103, 107, 108, 109: Karl-Heinz Engler; S. 8, S. 10: Anna Ok/shutterstock.com; S. 11: Anna.zabella/shutterstock.com; S. 12: Africa Studio/shutterstock.com; S. 13: Seasontime/shutterstock.com, Ulada/shutterstock.com; S. 14: Olyina/shutterstock.com, vainillaychile/shutterstock.com; S. 15: Africa Studio/shutterstock.com, Gayvoronskaya_Yana/shutterstock.com; S. 16: Alexander Ruiz Acevedo/shutterstock.com, Luisa Puccini/shutterstock.com; S. 17: P-fotography/shutterstock.com; S. 18: hjochen/shutterstock.com; S. 20: Antonina Vlasova/shutterstock.com; S. 21: Fattan Dehghani/shutterstock.com; S. 23: Africa Studio/shutterstock.com; S. 25: 279photo Studio/shutterstock.com; S. 26: Africa Studio/shutterstock.com; S. 27: Arisara T/shutterstock.com; S. 33: Narsil/shutterstock.com; S. 35: Anna Ok/shutterstock.com; S. 38: Luisa Puccini/shutterstock.com; S. 40: Fortyforks/shutterstock.com; S. 41: Corinna John/shutterstock.com; S. 50: Africa Studio, S. 53: Nataliia K/shutterstock.com; S. 55: HandmadePictures/shutterstock.com; S. 56: wasanajai/shutterstock.com; S. 58: JPC-PROD/shutterstock.com; S. 60: Nataliia K/shutterstock.com; S. 61: AS Food studio/shutterstock.com; S. 62: brodtcast/shutterstock.com; S. 63: Luisa Puccini/shutterstock.com; S. 65: Daria_Cherry/shutterstock.com; S. 66: kazmulka/shutterstock.com; S. 68: AS Food studio/shutterstock.com; S. 69: Luisa Puccini/shutterstock.com; S. 75: Gamzova Olga/shutterstock.com; S. 82: Ruslan Mitin/shutterstock.com; S. 83: kazmulka/shutterstock.com; S. 85: Pixeljoy/shutterstock.com; S. 83: kazumulka/shutterstock.com; S. 87: Artem Shadrin/shutterstock.com; S. 92: HeavilyMeditated/shutterstock.com; S. 95: Sea Wave/shutterstock.com; S. 98: Ledo/shutterstock.com; S: 100: Sea Wave/shutterstock.com; S. 104: Dream 79/shutterstock.com; S. 105: vaivirga/shutterstock.com; S. 106: motorolka/shutterstock.com